독서는
해방이다

"보아라, 저들에게는 상이 필요 없어.
천국에서는 저들에게 줄 것이 없어.
그들은 독서를 아주 좋아했으니."

_버지니아 울프

독서는
해방이다

박홍규 지음

자유이자 금지였고 축복이자 저주였던
책 읽기의 역사

틈새의시간

독서하는 모습을 그린 명화 속 주인공들이 무슨 책을 읽었을지 상상해보면 어떨까? 상상은 자유다. 독서도 자유다. 독서는 상상을 위한 것이다. 팍팍한 현실만으로는 살 수 없기에 자유롭기 위해 우리는 책을 읽으며 상상한다. 자유를 위해 책을 읽는다. 그림도 자유다. 자유롭기 위해 그린다. 그래서 책을 읽고 그림을 그린다. 오로지 자유롭기 위해서다. 해방을 위해서다. 일상에서 벗어나기 위해서다. 가정에서, 학교에서, 군대에서, 직장에서 벗어나기 위해서다. 평생 낮에는 그 일상의 구속에서 살다가, 밤에는 나만의 자유와 해방을 꿈꾸어 책을 읽고 그림을 그리면서 행복을 느꼈다. 얼마 전까지 내내 그렇게 살다가 70이 다 되어 나는 완전한 자유로 독서를 한다. 누가 완전한 자유의 시간인 늙음을 저주했는가? 이제 나는 겨우 이 책을 쓸 자격과 자유를 얻었다.

이 책에 실은 70점의 그림은 대부분 명화 속 주인공들이 읽은 책의 이야기로, 독서로 행복한 사람들의 모습을 그린 그림들이지만, 그 밖에도 '독서는 해방이다'라는 이 책의 주제와 관련되는 그림들, 가령 독서에 대한 풍자화도 있고 독서를 없애기 위한 분서화(焚書畵)도 있다. 진시황이나 히틀러의 분서와는 다르지만, 우리 시대에도 독서를 혐오하는 분위기가 있고, 독서에 관련된 위선이나 사기도 있어서다. 진시황이나 히틀러도 모든 책을 태우라고 한 것이 아니라, 실용적이지 않은 책만 태우라고 했다.

수험을 위해 교과서를 외우거나 기술서 따위의 참고서를 뒤적이는 것은 참된 독서가 아니다. 교육은 물론 사회 전체의 근본적인 문제는 자유로운 독서가 없다는 점이다. 그래서 자아도, 개성도, 개인도, 자유도, 다양성도, 관용도, 환대도, 평화도 없다. 아니, 최소한의 마음 여유도, 마음의 오감도, 마음의 표출도 없다. 아니, 마음이 죽었다. 인간이 죽었다. 세상이 죽었다. 설치는 것들은 법률가나 정치가, 의사나 기술자, 회장이나 CEO 따위의 괴물 좀비들이다. 버지니아 울프는 유작 『막간Between the Acts』(1941)에서 책은 감정이나 욕망이나 의식을 보여주는 '마음의 거울'이라고 했는데, 거울은 벌써 깨어졌다. 그래도 울프는 『책을 어떻게 읽을 것인가』에서 이런 꿈을 꾸었다.

최후의 심판일의 동이 트고, 위대하다는 정복자들과 법률가들, 정치가들이 상을 받으러 갈 때, 옆구리에 책을 끼고 가는 우리를 본 전능한 신이 베드로를 돌아보면 질투심이 전혀 없다고는 할 수 없는 표정으로, '보아라, 저들에게는 상이 필요 없어. 천국에서는 저들에게는 줄 것이 없어. 그들은 독서를 아주 좋아했으니'라고 말하는 꿈 말이다.

그래서 보르헤스는 "천국이란 틀림없이 도서관 같은 곳이리라."고 말했다. 나는 기독교인이 아니어서 천국을 믿지 않지만 그런 천국이라면 좋다. 독서의 천국이라는 꿈을 함께 꾸고 이 책을 준비한 틈새 의시간에 감사한다.

차례

화가와 책

『예술가는 왜 책을 사랑하는가?』라는 번역서가 있다. 원서 제목인 'The Art of Reading: An Illustrated History of Books in Paint'를 번역하면 '독서의 미술: 그림으로 보는 그림 속 책의 역사' 정도겠다. '그림 속 책의 역사'라면 당연히 그림이 나올 텐데 다시 '그림으로 보는'이라는 말을 붙인 원서 제목도 이상하지만, 번역서 제목은 더 이상하다. 예술가라고 하면 화가는 물론 조각가 같은 미술가, 음악가, 건축가, 소설가, 시인 등도 포함할 텐데 이 책에는 화가들이 그린 독서 그림만 나오기 때문이다. 그래서 화가라고 번역해야 할 artist를 항상 예술가로 번역하여 읽기에 혼란을 준다. '화가의 그림'이 아니라 '예술가의 그림'이라고 하듯이 말이다. 화가도 예술가이니 무방하다는 것일까?

그러니 앞의 책 제목을 바꾸어 '화가는 왜 책을 사랑하는가?'라고 질문해보자. 그러나 이 질문은 마치 화가가 모두 독서를 즐겨한 독서인인 것처럼 오해하게 만드니 문제가 있다. 화가 중에는 독서인도 있지만, 그렇지 않은 사람들도 많다. 내가 아는 한 아닌 사람이 훨씬 더 많다. 가령 피카소는 책을 읽지 않은 걸로 유명하다. 책을 자주 그린 화가로 유명한 렘브란트도 정작 그 자신 소장한 책은 몇 권 되지 않았다. 화가 대부분이 그랬다. 빈센트 반 고흐(Vincent Willem van Gogh, 1853~1890)만 예외라고 할 정도다(그래서 나는 10년 전『독학자, 반 고흐가 사랑한 책』을 썼다).

다시 질문을 '화가는 왜 책을 그리는가?'로 바꾸어보자. 여기에도 문제는 있다. 우선 모든 화가가 다 책을 그린 것이 아니다. 책을 그리는 화가도 책만 그리는 것이 아니라 다른 수많은 것들을 그린다. 따라서 화가가 책을 그리는 것이 특별한 일이 아니다. 그러니 '화가는 왜 책을 그리는가?'라고 물을 필요가 없다. 이 책에서 보듯이 화가들은 대부분 책을 좋아하는 사람들에게 호의를 가지고 독서하는 모습을 사랑스럽게 그렸다. 그러나 가끔은 책을 읽기보다 책을 모으는 것에 급급한 사람들의 모습을 풍자하기도 했다. 그러한 독서를 진작시킨 인쇄술이나 책의 보급에 나선 상인들이나 도서관도 그렸고, 책이 불살라지는 어두운 역사도 그렸다. 책과 관련된 인류의 다양한 모습을 우리는 이 책에서도 볼 수 있다.

『예술가는 왜 책을 사랑하는가?』의 한국어판 부제는 '예술에서 일상으로, 그리고 위안이 된 책들'인데 이런 부제는 원저에 없을뿐더러 무슨 말인지 이해하기 쉽지 않다. 책이 예술이었다가 일상이 되고 위안이 되었다는 말인가? 구텐베르크(Johannes Gutenberg, 1393~1468)의 인쇄술이 발명되기 전, 정확히 말해 금속활자가 발명되기 전, 중세에는 필경사나 삽화가가 책을 직접 만들었으므로 이를 예술이라고 할 수도 있지 않을까? 그런데 인쇄술 발명 이후로 인쇄기가 기계적으로 책을 찍어내어 예술이 아닌 일상이 되고 위안이 되었다는 뜻인가?

화가들이 책을 그림에 그려 넣기 시작한 것은 대체로 구텐베르크 이후다. 이 책 맨 앞의 두 그림에서 보듯이 12세기의 성당 벽에 프레스코로 그린 그림에도 책을 든 예수가 그려졌고, 15세기 성당 제단화에도 책을 든 성모가 그려졌지만, 그다음 그림들은 모두 구텐베르크의 인쇄기 발명(1440년경) 이후에 그려졌다. 그렇다고 그 그림들이 예술이 아니라 일상이고 위안일 뿐인가? 천만의 말씀. 구텐베르크 덕에 인쇄술이 혁신된 이후에도 예술품으로 볼 수 있는 책은 많다. 특히 19세기 말에 윌리엄 모리스(William Morris, 1834~1896)는 수작업으로 아름다운 책을 만들었다.

구텐베르크 이전에는 필경사와 삽화가 및 제본가 등이 소량으로 책을 만들다가 인쇄기 발명으로 책이 대량으로 생산되어서 일상이 되었다고 하는 이야기에는 특별한 문제가 없다. 그런데 책이 일상의 제품이나 물질에서 위안으로 변했다는 말은 무슨 뜻인가? 흔히 '세기말'이라고 하는 19세기 말 불안한 시절에 책이 위안이었다고 하는데, 그때에도 모든 책이 위안이었던 것은 아니다. 설령 그렇다고 해도 그 것은 19세기 말의 특징일 뿐이다. 『예술가는 왜 책을 사랑하는가?』 저자가 말하듯이 20세기에는 내내 책이 위험하다는 경고가 지배했고, 21세기인 지금은 더욱더 그렇다.

독서하는 화가의 전형, 반 고흐

흔히 화가는 지적인 독서인이나 냉철한 사색가라기보다 감각적 재능이나 손재주가 남다른 사람으로 여겨진다. 특히 반 고흐는 본능적인 광기와 감성으로 미술사를 새로 쓴 천재 화가로 통했다. 그래서 '반 고흐' 하면 불타는 정념을 가장 먼저 떠올리곤 한다. 독서나 사색, 논리와는 별로 상관없는 사람으로 이해되는 것이다. 심지어 화가나 시인이나 음악가 같은 예술가는 빈센트처럼 즉흥적이고 비논리적이어야 한다고 믿는 대중도 있다. 대단한 미신이다. 빈센트는 결코 감정대로만 움직인 사람이 아니다. 계획 없이 되는 대로 그림 작업에만 몰두한 미치광이는 더더욱 아니다.

그는 어려서부터 책과 그림을 두루 사랑하였다. 지성적이면서도 감성적이었다. 그림은 자신이 읽은 것을 이해하게 도와주고 책은 자신이 본 것을 설명해준다고 믿었다. 현대 미술의 아버지라고 할 수 있는 고흐는 이런 방법으로 지성과 감성을 융합하였다. 대개 지성만으로 작업에 임하면 영혼 없는 결과물이 나오고, 감성만으로 작업하면 이해 불가능한 결과물이 나오기 쉽다. 지성과 감성이 조화를 이루는 '융합'은 그래서 미술, 음악, 문학 등 장르를 막론하고 모든 예술을 한 차원 높여준다. 나아가 새로운 예술 창조, 문화 창조의 길을 보여준다.

반 고흐는 이러한 융합, 원효(元曉)식으로 말해 원융회통(圓融會通)의 태도를 평생 유지했다. 그러나 감성보다는 이성, 즉 그림보다 책에 먼저 빠져들었다. 19세기 서양인이면 누구나 그렇듯이 태어나면서부터 죽을 때까지 『성경』을 읽었다. 비단 『성경』만이 아니었다. 다른 책들도 어려서부터 손에서 놓지 않았고, 가족이나 친구들에게 열렬히 책을 추천하거나 빌려주었다. 남들이 귀찮아할 정도로 책에 관해 말하는 것을 즐겼다.

나이 서른 전후부터 죽기까지 십 년 남짓 그림을 그리는 동안에는 매일 같이 낮에는 그림을 그리고, 밤에는 책을 읽거나 편지를 썼다. 그 둘을 함께하기도 했다. 그가 남긴 방대한 분량의 편지는 세계적으로 유례가 없을 정도로 문학적 가치가 높다. 그래서 우리나라에서도 여러 판으로 번역되어 나와 있다. 그는 편지에 자기가 읽은 책에 관해 쓰기를 좋아했다. 그뿐이 아니다. 고흐는 그림에도 자기가 감동적으로 읽은 책을 그려 넣었다. 그 말고는 그런 화가가 어느 시대, 어느 나라에도 없다.

그가 무엇보다도 남다른 것은 처음부터 끝까지 그림 그리기도 글쓰기도 '홀로' 익혔다는 점이다. 초등학교와 중학교를 합쳐 약 3년 정도만 학교에 다녔던 그는 책을 선택하고, 읽고, 소화하기까지 모두 혼자 해야 했다. 그야말로 독학이자 독습이었다. 인터넷이나 텔레비전 방송은커녕 신문도 흔하지 않던 19세기 후반에 그처럼 우직하게 혼자서 공부한 사람은 없다. 그의 곁에는 그를 지도해주거나 가르쳐줄 사람이 없었다. 교사도 부모도 형제도 선배도 친구도 그에게 가르침을 주지는 않았다. 스스로 선택해서 책을 읽고, 느낀 점을 자기 식대로 풀어썼다. 남의 의견을 듣거나 평을 참조하지도 않았다. 그럴듯하게 흉내 내지도 않았다. 그야말로 고독한 내면의 자기 인식이요 자기 성찰이었다.

고흐는 철저히 혼자서 읽고, 혼자 생각하여 글로 풀어냈다. 그림 그리기도 마찬가지였다. 아니 삶 자체가 그러했다. 진실로 자기 자신에게 충실한 삶을 살다 갔다. 이러한 삶의 방식은 결코 쉽게 이루어지지 않는다. 요령을 피워 간단하게 완성되는 것도 아니다. 도리어 손쉽게 가 닿을 수 있는 길도 둘러서 가곤 했다. 예술적으로 성공하기 위해서가 아니라 인간의 길―그것은 땀 흘려 일하면서(그림 작업을 하면서) 숭고한 정신을 드러내는 것—을 완성해가고자 했다. 그 정신이 우리에게 큰 울림을 준다.

이처럼 더디고 외롭기까지 한 '홀로 배움'을 우리 시대는 아주 낯설어하기에 '홀로 하는 공부', 즉 독학을 두고 아마추어 행태니 한 우물을 파지 못하는 어리석은 짓이니 헛고생이니 하며 무시할 수도 있다. 한국은 모름지기 교사 자격증을 가진 학교나 박사들로 꾸려진 입시학원 등 전문가 집단에서 배우는 교육을 중시하니 말이다. 그러나 모든 아이가 서너 살부터 미술학원에 가고 이십 대에 대학원까지 가서 배운다 해도 반 고흐 같은 인물은 나올 것 같지 않다. 오히려 그처럼 이십 대 말까지 미술에 대해 아무것도 배우지 않고 삶을 배워야 독보적인 예술가가 되지 않을까.

그는 평생 낮은 자세에서 '공부하는 자'로 일관했다. 선생들한테 들어서 익힌 것이 아니라 끊임없이 홀로 배우고 생각하고 터득하는, 그야말로 '공부하는 자'였다. 그러니 소위 전문가들의 눈에는 그의 방식이 잘 이해되지 않을뿐더러 불편하게만 느껴졌을지 모른다. 그의 방식이란? 그는 극단의 대립이 시작된 시대, 그 복잡했던 19세기의 여러 경향을 종합했다. 자기 분야에만 몰두하는 전문가들로서는 꿈도 꾸지 못할 일이다. 특히 유신론과 무신론, 낭만파와 사실파, 보수와 진보 등의 온갖 반대 개념을 나름대로 종합했다. 이를 두고 지금도 여러 가지 비판이 있지만, 그런 종합이야말로 지금 우리 시대에 가장 필요하다. 그것은 전방위적으로 공부하는 반 고흐 같은 사람만이 할 수 있는 일인지도 모르겠다.

그의 방식이 신선하게 느껴지는 이유는, 소위 전문가나 전문적 제도가 자기네의 집단 이익을 추구하느라 너무나도 쉽게 지배 체제와 공모하는 세상에 우리가 살고 있기 때문이다. 가령 의사회가 사리사욕을 채우느라 훌륭한 의료를 제한하듯이 전문가 집단은 주로 자기 이익을 증대시키는 일에 골몰한다. 또한 의학이나 법학 등 출세 지향적인 전문 교육기관은 치열한 경쟁을 유도하여 그 전문 직업인을 비양심적이고 불법적인 인간으로 만들고 있다. 이러한 집단 이기주의와 속물주의를 반 고흐만큼 뼈저리게 느낀 이도 드물 것이다. 열여섯 나이부터 화랑에 근무하면서 화가나 화상이 지배 계급에 굽실거리는 그림을 그리고 파는 것을 목격했다. 또한 스물두 살부터 스물일곱 살까지 종교 생활에 심취하면서, 복음을 전하는 목사들이 교회에 돈을 내는 지배자와 부자들의 세속적 목적에 봉사한다는 것을 두 눈으로 똑똑히 보았으니 말이다.

이 책의 내용

이 책은 70점의 '독서 미술' 작품을 대체로 제작 순으로 배열하고 설명하는 방식을 취하지만, 제1장 '중세'에 나오는 10점은 제작 순서가 아니라 서양의 기독교 역사를 보여주는 작품들을 내용상의 순서로 배열했다. 즉 예수(1), 수태고지(2), 복음서 저자들(3~5), 성자들(6~8), 그리고 단테와 크리스틴 드 피장이라는 근대 문학의 시조인 남녀가 대부분의 기독교 성자를 책과 함께 찬양하는 그림들(9~10)이지만, 책을 태우는 그림도 두 점(6, 7) 있다. 중세의 시작과 끝에 책이 불탔다는 것은 중세 기독교가 결코 관용의 기독교가 아니었음을 보여준다. 그리고 독서하는 단테와 드 피장은 중세가 끝나고 근대가 시작되는 것을 상징한다.

　제2장 '르네상스'에서는 주로 르네상스 시대 작품 13점을 다룬다. 그러나 그 처음에 나오는 구텐베르크의 초상(11)은 19세기에 그려진 것이다. 이를 처음에 소개한 까닭은 그가 르네상스 초기에 해당하는 시대 사람이고 르네상스 및 종교개혁은 그의 인쇄술에 영향을 받았기 때문이다. 그 밖의 그림은 제작연대 순으로 배열하고 설명했다. '르네상스'에서 알브레히트 뒤러의 작품만 2점(12, 17)을 선택했다. 두 점 모두 판화이지만 중요하다. 그 첫 번째 작품인 〈애서광〉은 르네상스 이후 쏟아져 나온 책의 수집에 열중하지만 정작 독서는 제대로 하지 않는 사람을 비꼬고 있다. 그런데 『예술가는 왜 책을 사랑하는가?』에서는 이 그림의 제목을 〈독서광〉이라고 하면서 독서로 평생을 보낸 학자의 어리석음을 풍자한다고 한다. 그러나 뒤러 자신 르네상스 화가 중 누구보다도 책을 사랑하고 열심히 읽은 화가였으니 이 그림의 제목은 〈독서광〉이 아니라 〈애서광〉이 더 적절하다.

　제3장 '바로크'의 13점(24~36)은 독서가 '시민들'(부르주아. 따라서 프롤레타리아로 불리는 노동자로 농민은 제외된다)로까지 확대되는 17~18세기의 독서문화를 보여준다. 이 시대에는 궁정을 중심으로 한 상류층 문화를 다룬 그림에 책이 자주 그려졌으나 이 책에는 그런 경향의 작품들보다 시민들의 독서를 그린 작품을 부각했다. 그러한 독서 확대에 이바지한 〈책 행상인〉(24)부터 도서관(33)까지, 그리고 남성은 물론 여성의 독서 확대로 인해 인간해방운동의 선구자가 되는 〈울스턴크래프트의 초상〉(36)에 이르기까지 독서가 인간을 계몽하여 사회를 변화시키는 중요한 힘이었음을 알 수 있다. 그러나 그 시대에도 '갈릴레오 재판'과 같은 책의 수난도 있었고(28), 책을 허무의 상

징(29)으로 보거나 독서인을 풍자(34)하는 그림들도 있다.

제4장 '19세기'의 10점(37~46) 그림은 19세기 전반의 그림이다. 프랑스혁명 이후 서적상(37)을 필두로 다양한 서민 독서인들이 등장한다. 정치적 독서인(38), 종교적 독서인(39), 도시 여성 독서인(40), 시인 독서인(41), 농촌 여성 독서인(42), 독서광(43), 식민지 독서인(45), 아나키스트 독서인(46) 등이다. 독서하는 모습도 다양하다. 가령 나체로 침대에 누워 책을 읽는다(44). 이는 당시 여성의 독서를 부정적으로 본 그림이기도 하지만, 지금 우리는 도리어 여성의 자유로운 독서를 보여주는 그림이라고 봐도 좋을 것이다.

제5장 '인상파'는 19세기 후반에 해당하나 그 앞의 19세기 작품과 구별한 것은 하나의 독립된 유파로 작품 수가 많아서다. '인상파'의 13점(47~59)은 인상파가 색채를 인상적으로 그림과 동시에 시민 생활, 특히 독서 생활을 밝게 인상적으로 그렸음을 보여준다. 마네의 졸라 초상(47), 모네의 아내 초상(48), 카세트의 어머니 초상(49), 드가의 작가 초상(52), 반 고흐의 책(55)과 부인 초상(56), 고갱의 친구 초상(57), 세잔의 작가 초상(58), 마르코스의 여인 초상(59) 등이다. 이슬람 그림(50)과 도서관 그림(51)은 인상파 그림이라고 할 수 없지만 그려진 시대가 19세기 후반이어서 여기에 넣었다.

제6장 '20세기'는 11점(60~70)을 다룬다. 이제는 뭉크의 창녀(60)도, 화가의 늙은 어머니도 독서를 즐긴다(60). 그리고 버지니아 울프(62)를 비롯한 20세기 초반의 뛰어난 여성 독서인들(63~65), 샤갈의 유대인 독서인(66), 레제의 노동자 독서인(67), 자본가 가족의 독서(68), 바를라흐의 기독교 성직자들의 독서(69), 그리고 마지막으로 알쏭달쏭한 마그리트의 초현실주의 독서인의 모습(70)이다.

이상 70점의 그림이 보여주는 독서의 역사는 독서인 확대의 역사이기도 하다. 소수의 권력자 계급이 독점한 독서로부터 일반 시민과 서민의 독서로 확대된 역사다. 독서의 자유가 확대되고 독서의 평등이 확대된 역사다. 이 책의 첫 그림에서 묘사되듯이 책은 신성하다. 책을 정말 신성하게 그린 반 고흐는 정말 책을 사랑했다. 그러나 책의 역사는 항상 성스럽지만은 않았다. 도리어 신처럼 신성하기는커녕 악마처럼 불순하다는 이유로 불살라지기도 했다. 역사에서 그런 검열이나 분서는 이제 사라졌지만, 아직도 권력은 그럴 수 있다.

일러두기

– 제1장 중세 편에 나오는 복음서 및 성서 각 편의 명칭은 공동번역 성서를 기준으로 표기하였다.

– 성서 구절을 인용하거나 참고하는 경우 공동번역 성서를 사용하였다.

– 그림과 영화와 연극은 〈 〉, 신문과 잡지, 총서는 《 》, 단행본은 『 』, 글과 기사, 논문은 「 」, 노래
와 전시는 ' '로 표시하였다.

– 인명은 꼭 필요한 경우에만 처음 나올 때 원어와 생몰연대를 병기하고, 그 뒤로는 성만 적는다.

– 인명 외의 지명 등 주요 고유명사는 처음 나올 때 원어를 병기하고 그 뒤로는 한글로만 적는다.

중세

〈마이에스타스 도미니〉, 작자 미상, 12세기, 프레스코(부분),
카탈루냐 미술관, 에스파냐 바르셀로나

　그림 중앙에 앉아 있는 예수가 오른손을 들고서 축복을 내리고 있
다. 왼손은 '에고 숨 룩스 문디'(Ego sum lux mundi), 즉 "나는 세상의
빛이다."라고 적힌 책을 들고 있다.

　성화 속의 예수는 대개 머리에 면류관을 쓰고 있거나, 십자가에 달
려 있거나, 배경으로 후광이 걸린 가운데 승천하는 모습이다. 흔히

후광 좌우로 알파 및 오메가와 같은 상징적 요소를 동반하기도 한다. 이 그림 속의 예수에게도 후광이 있다. 그런데 나머지 요소들이 조금 특이하다. 수염을 기르고, 머리카락이 어깨까지 내려오는 예수는 아칸서스 잎으로 장식된 반구 위에 맨발을 올려두었다. 이 반구 위로 무지개를 상징하는 띠가 둘렸다. 세속 세계와 「요한 묵시록」에 나오는 무지개를 암시한 장면이다. 그러니 이 그림은 '하느님의 발 앞에 복종하는 세상'을 그린 것일까?

이 그림의 작가는 네 귀퉁이에 있는 '4복음서' 저자들을 날개 달린 천사로 표현했다. 전신상으로 그려진 오른쪽 위의 마태오는 「마태오 복음」을 들고 있고, 왼쪽 위의 요한은 독수리를 안고 있으며, 반신상으로 그려진 마르코와 루가는 각각의 상징인 사자와 황소와 함께한다. 일부 파괴된 아랫부분에는 성모 마리아, 성 토마스, 성 바르톨로메오, 성 요한, 성 야고보, 성 필립보가 그려졌다. 그리고 그림 한쪽 끝에는 「요한 묵시록」의 세라핌*이 보초를 서고 있는데, 이 그림에는 보이지 않는다.

그림 제목인 '마이에스타스 도미니'(Maiestas Domini)란 라틴어로 '주님의 폐하' 또는 '위엄 있는 그리스도'라는 뜻이다. '우주의 주인인 전능한 하느님의 현현'을 나타내는 상징으로 가득한 기독교의 도상이다.

이 작품은 12세기 로마네스크 미술을 대표하는 것으로 아라곤 왕

---

* 치천사(熾天使) 혹은 스랍이라고도 한다. 옛 히브리어 성경(타나크 또는 구약성경)의 이사야서에서 한 차례 등장하는 초자연적인 존재 가운데 하나다. 치천사의 개념은 고대 유대교에서 이어져 내려와 가톨릭·개신교·이슬람교에까지 영향을 미쳤다. 나중에 유대인들은 그들이 사람과 비슷한 모습을 한 것으로 인식하였고, 그 영향을 받아 기독교의 천사 계층 가운데 하나를 가리키는 명칭이 되었다.

국 출신의 화가가 그린 프레스코화다. 일반적으로 4복음서의 상징인 테트라모르프(Tetramorph)와 함께 제시된다. 네 권의 복음서를 상징하는 네 가지 형상, 즉 사람, 사자, 황소, 독수리를 테트라모르프라고 하는데, 테트라는 그리스어로 '넷'이라는 뜻이다.

〈마이에스타스 도미니〉가 전신상인데 비해 이와 유사한 도상인 판토크라토르(Pantocrator)*는 주로 흉상이나 반신상이다. 예수가 옥좌에 앉은 모습이나 복음서를 들고 있는 상반신을 그린 것도 있고, 얼굴 형상만 있는 것도 있다. 그리스어 '판토크라토르'는 '전능하신 분'이라는 뜻이다. 그리스로마 신화의 남신들이나 로마황제의 모습을 차용하여 그리스도를 근엄하면서도 남성적인 모습으로 표현하였다. 대개 왼손은 성서를 들고, 오른손으로는 강복(降福)하는 모습이다.

마이에스타스는 '위엄'이란 뜻의 이탈리어로 황제의 위대함과 권력을 뜻한다. 기독교에서는 특히 테르툴리아누스(Tertullianus, 약 155년~230년경)**부터 이를 신에게 적용했다. 그러나 옥좌에 앉은 성모자를 중심으로 주변에 성인들이나 천사를 배치하는 조형적 구도는 '기독교의 공식화' 이후인 4세기 말부터 나타났다. 이는 신과 황제 사이의 명확한 상관관계를 통해 신을 정점으로 하는 봉건 질서의 불변적 성격과 엄격한 위계질서를 보여준다. 그러나 보다 역동적인 사회인 도시 고딕 사회에서는 13세기부터 하느님을 표현하는 다른 방식인 '최후의 심판'이나 '성모의 대관식' 도상을 선호하게 된다.

---

* 그리스어로 '전능하신 분'이라는 뜻이다. 우리말로는 '전능하신 그리스도'로 옮길 수 있다.

** 터툴리안(Tertulian)이라고도 부른다. 기독교의 교부이자 평신도 신학자이다. "삼위일체"라는 신학 용어를 가장 먼저 사용한 이로 알려져 있다.

이 도상의 출처는 선지자 에스겔이 「에스겔서」 1장 4절~12절*에서 묘사한 그리스도의 영광에 대한 환상에서 찾을 수 있는데, 이는 「요한 묵시록」 4장 2절~8절**에서 매우 유사한 표현으로 반복된다.

* 그 순간 북쪽에서 폭풍이 불어오는 광경이 눈앞에 펼쳐졌다. 구름이 막 밀려오는데 번갯불이 번쩍이어 사방이 환해졌다. 그 한가운데에는 불이 있고 그 속에서 놋쇠 같은 것이 빛났다. /또 그 한가운데는 짐승 모양이면서 사람의 모습을 갖춘 것이 넷 있었는데 /각각 얼굴이 넷이요 날개도 넷이었다. /다리는 곧고 발굽은 소 발굽 같았으며 닦아놓은 놋쇠처럼 윤이 났다. /네 짐승 옆구리에 달린 네 날개 밑으로 사람의 손이 보였다. 넷이 다 얼굴과 날개가 따로따로 있었다. /날개를 서로서로 맞대고 가는데 돌지 않고 곧장 앞으로 움직이게 되어 있었다. /그 얼굴 생김새로 말하면, 넷 다 사람 얼굴인데 오른쪽에는 사자 얼굴이 있었고 왼쪽에는 소 얼굴이 있었다. 또 넷 다 독수리 얼굴도 하고 있었다. /날개를 공중으로 펴서 두 날개를 서로 맞대고, 두 날개로는 몸을 가리고 /돌지 않고 앞으로 날아가는데, 바람 부는 쪽을 향해 곧장 앞으로 움직이게 되어 있었다.

** 그러자 곧 나는 성령의 감동을 받았습니다. 그리고 보니 하늘에는 한 옥좌가 있고 그 옥좌에는 어떤 분이 한 분 앉아 계셨습니다. /그분의 모습은 벽옥과 홍옥 같았으며 그 옥좌 둘레에는 비취와 같은 무지개가 걸려 있었습니다. /옥좌 둘레에는 또 높은 좌석이 스물네 개 있었으며, 거기에는 흰옷을 입고 머리에 금관을 쓴 원로 스물네 명이 앉아 있었습니다. /그 옥좌에서는 번개가 번쩍였고 요란한 소리와 천둥소리가 터져 나왔습니다. 그리고 옥좌 앞에서는 일곱 횃불이 활활 타고 있었습니다. 그 일곱 횃불은 하느님의 일곱 영신이십니다. /옥좌 앞은 유리바다 같았고 수정처럼 맑았습니다. 그리고 옥좌 한가운데와 그 둘레에는 앞뒤에 눈이 가득 박힌 생물이 네 마리 도사리고 있었습니다. /첫째 생물은 사자와 같았고 둘째 생물은 송아지와 같았으며 셋째 생물은 얼굴이 사람의 얼굴과 같았고 넷째 생물은 날아다니는 독수리와 같았습니다. /그 네 생물은 각각 날개를 여섯 개씩 가졌고 그 몸에는 앞뒤에 눈이 가득 박혀 있었습니다. 그리고 그들은 밤낮 쉬지 않고 "거룩하시다. 거룩하시다. 거룩하시다. 전능하신 주 하느님 전에 계셨고 지금도 계시고 장차 오실 분이시로다!" 하고 외치고 있었습니다.

수태고지

〈수태고지〉, 로베르 캉팽, 메로드 제단화 중앙 패널, c. 1427~1432,
유화/판, 64.1×63.2cm, 크로이터즈(메트로미술관), 뉴욕

마리아에게 대천사가 찾아와 성령에 의해 처녀의 몸으로 예수 그리스도를 잉태할 것이라고 예고한다. 이를 '수태고지'(受胎告知, Annunciation)라고 한다. 탁자 위에 펼쳐진 다른 책의 두어 쪽들이 흔들리는 것은 열린 창문으로 바람이 불어오기 때문인지, 아니면 천사가 나타나면서 날개를 펄럭였기 때문인지 알 수 없지만, 그림에 생동

감을 불어넣는다.

이처럼 대천사가 찾아와 수태고지를 하는데도 마리아가 계속 책을 읽고 있는 그림은 보기 드물다. 다른 '수태고지'에서는 마리아가 고지에 놀라거나 겁에 질려 웅크리는 모습을 보이는데, 이 그림에서 그녀는 당당하다. 다른 '수태고지' 그림에서 흔히 보는 후광도 이 그림의 마리아에게는 없다. 그래서 꼭 성서에 나오는 마리아가 아니라 그림이 그려진 15세기 귀족 부인의 독서 풍경 같다.

이제 여성들도 책을 읽게 되었음을 보여주는 이 그림은 여성해방의 시작을 말하는 것인지도 모른다. 당시는 모든 여성은커녕 일부 특권층 여성만 책을 읽을 수 있었지만, 그래도 '독서'는 여성이 자유를 추구하기 시작했다는 증좌가 아닐까?

수태고지를 기록한 「루가 복음」 1장 26절~38절*에는 마리아가 어떤 상태에서 고지받았는지에 관한 서술이 없다. 그러나 이 그림은 조금 다르다. 화려하지는 않지만 신성하게 그려진 방 안에 상당히 호화

---

* 엘리사벳이 아기를 가진 지 여섯 달이 되었을 때에 하느님께서는 천사 가브리엘을 갈릴래아 지방 나자렛이라는 동네로 보내시어 /다윗 가문의 요셉이라는 사람과 약혼한 처녀를 찾아가게 하셨다. 그 처녀의 이름은 마리아였다. /천사는 마리아의 집으로 들어가, "은총을 가득히 받은 이여, 기뻐하여라. 주께서 너와 함께 계시다." 하고 인사하였다. /마리아는 몹시 당황하며 도대체 그 인사말이 무슨 뜻일까 하고 곰곰이 생각하였다. /그러자 천사는 다시 "두려워하지 마라, 마리아. 너는 하느님의 은총을 받았다. /이제 아기를 가져 아들을 낳을 터이니 이름을 예수라 하여라. /그 아기는 위대한 분이 되어 지극히 높으신 하느님의 아들이라 불릴 것이다. 주 하느님께서 그에게 조상 다윗의 왕위를 주시어 /야곱의 후손을 영원히 다스리는 왕이 되겠고 그의 나라는 끝이 없을 것이다." 하고 일러주었다. /이 말을 듣고 마리아가 "이 몸은 처녀입니다. 어떻게 그런 일이 있을 수 있겠습니까?" 하자 /천사는 이렇게 대답하였다. "성령이 너에게 내려오시고 지극히 높으신 분의 힘이 감싸주실 것이다. 그러므로 태어나실 그 거룩한 아기를 하느님의 아들이라 부르게 될 것이다. /네 친척 엘리사벳을 보아라. 아기를 낳지 못하는 여자라고들 하였지만, 그 늙은 나이에도 아기를 가진 지가 벌써 여섯 달이나 되었다. /하느님께서 하시는 일은 안 되는 것이 없다." /이 말을 들은 마리아는 "이 몸은 주님의 종입니다. 지금 말씀대로 저에게 이루어지기를 바랍니다." 하고 대답하였다. 그러자 천사는 마리아에게서 떠나갔다.

로운 옷을 입은 마리아가 정성스럽게 만든 긴 의자에 기대어 책을 읽고 있다. 대천사가 입은 옷도 화려하다. 그 모습이나 생활상이 15세기 초엽 플랑드르의 상류층 여성들의 삶이라고 보아도 무방하다. 당시에는 상류층에서만 책을 읽었고, 특히 여성의 독서는 매우 예외적이었다. 그러니 마리아는 '최상류 독서 여성'으로 그려진 셈이다. 그러나 이 그림을 보는 사람들은 1,500년 전의 수태고지를 생각할 뿐 그 1,500년 뒤의 당시인 '현재'를 생각하지는 않았을 것 같다.

5세기부터 지금까지 화가들은 '수태고지' 마리아를 흔히 독서 중인 모습으로 그리거나 실을 뽑는 모습으로 그렸다. 마리아 옆에는 순결의 상징인 하얀 백합이나 물병이 놓여 있거나, 대천사 가브리엘이 백합을 손에 들고 있기도 했다. 그들 위로는 천국으로부터 내려오는 빛이나 비둘기로 형상화된 성령이 있어 성령으로 잉태한다는 사실을 상징했다. 교회와 함께 개인 저택의 예배실이나 제단에도 수태고지를 그린 그림이 많이 걸려 있었다.

다른 화가들이 그린 '수태고지'에서는 마리아가 보는 책이 중세 후기에 유행한 기도서 『성무일도서』(聖務日禱書)로도 그려진다. 마리아가 읽고 있는 책은 『구약성경』이고, 탁자 위에 놓인 책은 『신약성경』이라고 하는 견해가 있지만, 그 책은 예수가 죽은 뒤에 쓰인 책이니 마리아가 읽었을 리 없다. 그런데도 그렇게 보는 이유는 이 그림에서 표현되는 시대가 15세기이기 때문이다. 당시 사람들에게는 구약과 신약이 최고의 책이었으니 그런 해석이 자연스럽게 받아들여졌을 터다.

초기 플랑드르 회화의 위대한 거장 중 한 명인 로베르 캉팽(Robert Campin, 1375~1444)이 그린 〈수태고지〉는 남성의 독서보다 여성의 독서를 가장 먼저 보여준다는 점에서 대단히 흥미롭다. 마리아가 여성의 해방, 최소한 여성의 각성을 상징하고 있으니 말이다.

〈책을 먹는 성 요한〉, 알브레히트 뒤러, 1498, 목판, 39.6×28.7cm,
국립회화관, 워싱턴D.C.

    성서에 의하면 요한은 형 야고보와 함께 카파르나움(가버나움)에
살고 있었다. 또 다른 주인공이 되는 베드로, 안드레아 형제처럼 어
부로 일하면서 말이다. 그러던 어느 날 게네사렛 호수*에서 배를 타

* 갈릴리 바다의 북서쪽 연안

고 그물을 손질하다가 우연히 예수 그리스도를 만나 부름을 받고, 아버지와 삯꾼들을 남겨둔 채 그를 따라나서 제자의 길을 걷는다(마태오복음 4장 21절~22절).* 그 후 요한은 95년 로마 황제 도미티아누스의 기독교 박해 때 군병들에게 붙잡혀 파트모스섬으로 유배된다. 그곳에서 「요한 묵시록」을 저술하다가 96년 도미티아누스가 암살되자 사면을 받고 에페소스로 귀환하여 「요한 복음」과 「요한 서신」을 저술하였다.

요한이 입을 크게 벌리고 빛에 둘러싸인 천사로부터 책을 받아먹기 시작한다. 이 그림은 「요한 묵시록」 10장 8절~11절에서 요한이 "얼굴은 태양 같고, 발은 불기둥 같은 천사"에게 책을 받아먹을 때 천사가 "이것을 받아 삼켜라. 이것이 네 입에는 꿀같이 달겠지만, 네 배에 들어가면 배를 아프게 할 것이다." 하고 말하는 장면이 모티프가 된 것이다. 그 후 요한은 이 말을 사람들에게 널리 알리게 되는데 뒤러(Albrecht Dürer, 1471~1528)가 이 내용을 그림으로 그린 것이다.

15세기 당시 사람들은 묵시록에서 말하듯이 종말이 곧 온다고 믿고 있었다. 따라서 15매로 구성된 뒤러의 『요한 묵시록』(1498)이 출판되자 날개 돋친 듯 팔려나갔다. 지금은 목판의 역사에서 가장 중요한 작품의 하나로 평가된다.

여기서 주목할 대목은 천사가 요한에게 '책을 받아 연구하라.'고 하지 않고 '그것을 받아 삼키라.'고 말했다는 점이다(묵시록 10장 9절

---

* 예수께서는 거기서 조금 더 가시다가 이번에는 제베대오의 아들 야고보와 요한 형제를 보셨는데 그들은 자기 아버지 제베대오와 함께 배에서 그물을 손질하고 있었다. 예수께서 그들을 부르시자 /그들은 곧 배를 버리고 아버지를 떠나 예수를 따라갔다.

참조).* 이는 계시를 받고자 하는 사람은 하느님의 말을 분석하거나 해석할 것이 아니라 삼켜야(먹어야) 한다는 뜻이다. 그런데 요한이 그 책을 삼킬 때 두 가지 측면이 강조된다. 하나는 '입에는 꿀처럼 달다.'는 것, 또 다른 하나는 '배에는 쓰다.'는 것이다.

일찍이 베드로는 주의 인자함을 맛보았다고 썼다(베드로 전서 2장 3절).** 그래서 「요한 묵시록」도 벌꿀과자 같은 만나의 맛을 먼저 강조했다. 바로 말씀의 달콤함이다. 그러나 이어서 뱃속에 들어가면 쓰다고 말한다. 이는 쓴맛이 효과가 있다는 뜻으로 하느님의 말씀이 우리 안에 영향을 미치는 것을 상징한다. 쓴맛이 없으면 각성이 일어나지 않고, 내면의 변화도 일어나지 않는다. 물론 이 과정은 매우 고되고 어려운 길이다. 그러니 쓰디쓸 수밖에.

뒤러는 유럽이 중세에서 르네상스로 바뀌는 15~16세기를 살았다. 헝가리에서 독일로 이민 온 금속 장인의 아들인 그는 이탈리아 여행을 통해 르네상스 휴머니즘을 접하고 학식을 쌓은 선진적인 사고의 지성을 갖춘 사람이었으며 레오나르도 다 빈치를 이상적인 미술가의 전형으로 본받았다.

---

* 그래서 나는 그 천사에게 가서 그 작은 두루마리를 달라고 했습니다. 그때 그 천사는 나에게 "이것을 받아 삼켜버려라. 이것이 네 입에는 꿀같이 달겠지만, 네 배에 들어가면 배를 아프게 할 것이다." 하고 말했습니다.

** 여러분은 이미 주님의 인자하심을 맛보지 않았습니까?

네 명의 복음사가

⟨네 명의 복음사가⟩, 피테르 아르트센, 1560∼1565, 유화/판, 113×143cm,
빈 미술사미술관

  네 명의 복음사가(마태오, 마르코, 루가, 요한)가 엄숙한 분위기의
독서실 같은 방에서 커다란 성경책을 보고 있다. 복음사가들이 종이
에 인쇄된 말에 의해 하늘의 계시를 받는 독자로 그려져 있고, 그들
위로 빛나는 구름에 둘러싸인 비둘기가 숭고함을 더해준다. 마태오,
마르코, 루가, 요한을 각각 상징하는 천사, 사자, 황소, 독수리는 원

래 모습 그대로다.

마태오는 족보를 통해 그리스도의 인간적인 혈통을 강조하며 인간성을 뚜렷이 부각하기에 '사람'의 상징으로 나타난다. 마르코는 사막에서 외친 요한 세례자의 이야기로 복음서를 시작하기에 '사자'로 묘사된다. '광야에서 외치는 소리'(「마르코 복음」 1장 3절)로 표현한 데서 예술적 전승은 그 소리를 사자 울음으로 비유하고, 눈을 뜨고 잠을 자는 사자는 무덤에 있는 신성을 뜻한다. 루가는 유대교 성직자인 즈가리야를 언급했기에 '황소'로 그려진다. 즈가리야에 의해 성전에서 희생 제물로 황소 또는 송아지가 선택됐고 새 법에서 희생 제물로 그리스도가 선택되었기 때문이다. 요한에게 '독수리'의 상징이 부여된 이유는 그가 창공을 높이 나는 독수리처럼 예수의 신성을 기록했다는 평가 때문이다. 신학적으로 특출하고, 특별히 복음서의 서두가 매우 높은 위치에 있다는 해석이다. 독수리는 예수의 신성을 입증하면서 '말씀'의 영원한 세대를 응시하는 요한의 시선을 드러낸다.

기독교는 이슬람교나 유대교와 마찬가지로 문서의 종교이다. 파피루스 두루마리와 달리 사람 손으로 쓴 낱장을 묶어서 표지로 싼 책을 코덱스(codex), 즉 '필사본'이라고 한다. 고대 로마에서 발명된 코덱스를 중심으로 서양 문화가 형성되었고, 이는 곧 기독교 예술의 상징이 되었다. 시편이나 기도서 등에도 경건함의 상징으로 코덱스를 읽는 성인이 그려지곤 했다. 한편 교회의 프레스코화나 제단화 속의 코덱스는 성직자의 권력과 권위의 상징이었다. 그리하여 13세기 교회 예술에서도 코덱스는 가장 애용된 주제였고, 다른 그 무엇보다 정교하고 아름답게 그려졌다.

그림의 제목에 언급된 '복음사가'란 복음을 기록하는 사람들을 뜻한다. 이들은 구텐베르크가 금속활자를 발명하여 인쇄술에 혁신을 가져오기 전까지는 코덱스 기록자로 묘사되었으나 구텐베르크 이후에는 독자(讀者)로 그려졌다.

피테르 아르트센(Pieter Aertsen, 1508~1575)은 북부 매너리즘* 스타일의 네덜란드 화가였다. 그는 16세기의 새로운 대중 독서를 보여주는 이 그림에서 복음사가들도 마찬가지로 변화하는 모습을 표현했다. 그런데 이 그림이 역사적으로 정확한 것인지는 의문이다. 왜냐하면 그림에서 보는 그들의 복장이 네 명의 복음사가가 살았던 기원후 1세기 무렵의 남부 유럽인이 아니라 아르트센이 살았던 16세기 북부 유럽인의 옷이기 때문이다.

---

* 매너리즘은 미술사에서 르네상스와 바로크 사이에 있는 독특한 예술 스타일이다. 대략 16세기 초반부터 중반까지 이어졌다. 르네상스 시기는 고전적인 아름다움과 균형, 조화를 중시한 시기로 레오나르도 다 빈치, 미켈란젤로 같은 거장들이 활동하던 시기다. 하지만 시간이 지나면서 고전적인 이상을 완벽하게 표현하는 것이 점점 더 어려워졌고 예술가들은 새로운 표현 방식을 찾기 시작했는데, 이 시기가 바로 매너리즘이다. 주요 특징으로는 왜곡된 비율, 복잡한 구성, 강렬한 색채, 극적인 감정 표현 등을 들 수 있다. 매너리즘은 단순히 고전적인 아름다움을 따르는 것이 아니라, 예술가 개인의 독창성과 창의성을 표현하는 것을 중시했기에 현대 예술의 다양한 표현 방식의 기초가 되었다.

성 마태오

〈성 마태오〉, 프란스 할스, c. 1625, 유화/캔버스, 70×50cm,
오데사 동서양미술관, 우크라이나

    '성 마태오'라는 제목만 아니면 이 그림의 마태오는 당대 어느 늙은 독서인(讀書人)[*]으로 여겨질 수도 있다. 그림의 제목도 자연스럽게

---

* 원래는 중국 송(宋)나라 때부터 세습 귀족이 몰락하고 과거에 의한 관료 계급이 형성되자 이들을 사대부(士大夫)나 독서인이라고 불렀다고 하지만 이 책에서는 그런 유래와 관계없이 책 읽기를 좋아하는 사람이라는 뜻으로 쓴다.

'책을 읽는 할아버지와 손자' 정도가 어울릴 테고. 수염을 이렇게 길게 기르는 노인들을 본 적이 없는 우리에게는 조금 낯설게 보이지만, 과거 서양에서는 흔한 노인의 모습이었다.

프란스 할스는 네덜란드 화가로 초상화와 풍속화를 즐겨 그렸다. 초기에는 루벤스의 영향도 받았으나 이후 네덜란드 초상화의 창시자이자 완성자로 평가받는다. 특히 인물이 다수 등장하는 집단초상화에서 다양한 구성을 시도한 점이나 각 인물에 특성을 부여한 점에서 그를 능가할 사람이 없다. 특히 인물의 성격을 예리하게 파악하여 기품이 깃들어 있으면서 생동하는 모습을 묘사하는 데 뛰어나다. 초기의 경쾌한 터치는 사십 대 이후 인상파를 연상케 할 정도로 유연하게 변하는데, 그 뒤로 더욱 자유분방해져서 당대의 초상화가들과 확연히 구분되었다.

당시 할스는 술을 많이 마시면서 창녀, 도박꾼, 도둑 등 흔히 사회적으로 소외되었다고 칭하거나 악당이라 부르는 자들과 곧잘 어울렸다. 〈성 마태오〉는 할스의 전성기인 45세 무렵에 그린 그림으로 그의 유연한 터치를 보여주는 걸작이다.

이 그림에는 아르첸의 〈네 명의 복음사가〉(그림 4)에서 보이는 천사가 아니라 '날개 없는 아이'가 그려져 있다. 렘브란트도 마태오를 그릴 때 천사를 날개가 없는 사람으로 묘사했다.[*] 마태오가 나오는 그림에서 천사는 항상 마태오에게 무엇인가를 말하고 있다. 성경을 기록한 일이 마태오의 뜻, 즉 개인의 주관이 아니라 성령의 감동에 의한 것임을 강조하는 장치이다. 그러나 이 그림의 마태오는 천사의

---

[*] 〈성 마태오와 천사〉 https://m.blog.naver.com/yong3569/221215602345

속삭임을 듣지 못하고 자신이 기록한 성경에 빠져 있는 것 같다. 마태오의 이마와 얼굴에 떨어지는 환한 빛은 뒤에 렘브란트가 그리는 마태오 상에서만큼 뚜렷하지 않지만 그림의 중심이 된다.

마태오는 예수의 열두 사도 중 한 사람으로 「마태오 복음」의 저자이다. 그는 본래 가버나움에서 로마 제국을 위해 같은 유대인들로부터 세금을 걷는 세리로 일하였다. 물욕을 채우기 위해 수단 방법을 가리지 않았던 세리는 당시 이스라엘 사회에서 창녀나 죄인과 같이 천대받는 부류에 속했다. 그러다가 예수의 부름을 받고 제자가 되었으니 네 명의 복음사가 중에서는 할스에게 가장 가깝게 여겨진 모양이다. 그래서인지 할스는 마태오를 여러 번 그렸다. 마태오는 로마 제국의 하수인으로서 모은 재물을 자신과 같은 사회적 소외자들에게 아낌없이 베풀었다. 그러면서 자신이 받은 구원을 증거하고, 예수를 소개하는 전도 활동에 헌신했다. 할스가 그린 늙은 마태오의 모습에는 그 같은 제자로서의 삶이 녹아들어 있는 것 같다.

성 바오로와 에페소의 이교 서적 분서

〈성 바오로와 에페소의 이교 서적 분서〉, 루치오 마사리, c. 1612,
유화/캔버스, 193×277cm, 개인 소장

책은 축복만이 아니었다. 동시에 저주였다. 처음부터 빛과 그림자
였다. 성 바오로가 누구인가? 그는 예수의 열두 사도가 평범한 인민
이었던 것과 다르게 공부를 많이 하고 로마 시민권까지 가진 이른바
기득권 엘리트였다. 『신약성경』의 절반이 그의 글일 정도로 기록을
많이 남긴 것으로도 유명하다. 『신약성경』 27개의 문서 가운데 13편

에 달하는 그의 편지는 초대 교회사의 기념비적인 업적이다. 그를 기독교 최초의 신학자라고도 부르는 배경이다. "예수가 없었다면 바오로도 없었겠지만, 바오로가 없었다면 기독교도 없었을 것이다."라는 말이 있을 정도다. 플랑드르의 화가인 루벤스(Peter Paul Rubens, 1577~1640)나 엘 그레코가 그린 성 바오로의 초상화뿐만이 아니라 수많은 화가가 그린 그의 초상화 대다수가 책과 함께 그려졌을 만큼 바오로는 책과 동일시된다.

그런 성 바오로가 십자가와 검을 가지고 책을 빨리 태우라고 재촉하고 있다. 이는 성서의 「사도행전」(19장 18~20절)에 따른 것으로 바울은 에페소에서 마술을 사용하는 자들을 기독교로 개종시키기 위해 마술책들을 태운다. 화면 좌우에는 토론하는 사람들의 모습이 보이는데, 어떤 사람은 마지막으로 책의 내용을 확인하는 듯하다. 성서에 의하면 태워진 책의 가치는 은화 5만 개에 상당한 정도라고 하니, 하루 일당이 은화 1개였던 점을 고려하면 엄청난 양이다. 실제로 불탄 책은 두루마리였으나 화가는 17세기의 책으로 그렸다. 그런데 분위기가 조금 묘하다. 화를 내기는커녕 분서가 당연하다는 듯, 아니 분서가 아주 잘한 일이라는 듯 그린 것 같다.

신약의 「사도행전」에 따르면 바오로는 예수를 믿는 자들을 앞장서서 박해하였으나 예수의 목소리를 듣고 회심하여 이후 기독교의 초기 신앙에 막대한 영향을 끼쳤다. 회심하기 전의 이름은 왕의 이름인 '요청받은 자'라는 뜻의 '사울'이었다. 그는 기원후 47년에서 67년 사이쯤 네 차례나 '예수가 그리스도'라는 교의를 전하고자 북아프리카 지역을 제외한 로마 제국의 주요 도시를 2만 킬로미터나 다니면서 여러 번 죽을 위기를 맞았다. 「사도행전」에 의하면 바오로는 노동을 통해 자급자족했다.

그런데 바오로가 예수의 가르침을 종교로 만들기 위해 고의적으로 내용을 왜곡했다는 주장도 있다. 그중 특히 "누구나 자기를 지배하는 권위에 복종해야 합니다. 하느님께서 주시지 않은 권위는 하나도 없고 세상의 모든 권위는 다 하느님께서 세워주신 것이기 때문입니다."라는 「로마인들에게 보낸 편지」 13장 1절이 현실 권력과 제도에 대한 복종을 요구한 것이라는 비판이 있다.

이 그림을 그린 루치오 마사리(Lucio Massari, 1569~1633)는 볼로냐 학파의 이탈리아 화가로 매너리즘 시대와 초기 바로크 시대를 살았다. 그러나 그림의 내용은 뒤에서 보는 〈성 도미니코 분서〉보다 12세기나 빠른 바오로 시대를 소재로 삼았다.

카타리파의 책을 불태우는 성 도미니코

〈카타리파의 책을 불태우는 성 도미니코〉, 페드로 베루게테, 1493~1499,
유화/판, 122×83cm, 프라도미술관, 마드리드

성 도미니코가 지켜보는 가운데 책을 불태우고 있다. 하인 한 사람
이 불을 지피고, 다른 하인이 불에다 책을 던진다. 사람들 머리 위로
불을 피해 기적적으로 날아가는 책 한 권이 있다.

도미니코는 불로 옳고 그른 것을 가리려고 한다. 기독교가 이단으로 정죄한 카타리파*와 만난 도미니코는 서로의 신조가 참인지 아닌지를 가리기 위해 각각의 가르침을 적은 책을 불에 던졌다. 도미니코에 의하면 카타리파의 책 3권을 불 속에 던졌으나 아무 탈 없이 하늘로 날아갔으니 이단이다. 그 후 카타리파는 가톨릭을 위협한다는 이유로 엄청난 박해를 받았다.

도미니코가 중세 종교 재판에서 실제로 어떤 역할을 했는지에 관해서는 수 세기에 걸쳐 논쟁이 있었다. 도미니코는 1221년에 사망했는데 종교 재판소는 1231년 이후에 세워졌기 때문이다. 그 뒤 도미니코와 종교재판관이 된 초창기 도미니코 회원 일부의 차이가 모호해졌다. 스페인의 이단 심문관들은 자신들의 정당성을 주장하기 위해 일종의 전설을 만들어내고자 베루게테에게 도미니코가 재판관으로서 종교 재판을 주재하는 모습으로 묘사해달라고 의뢰하여 위 그림을 그린 것이다.

이 그림은 책을 읽는 것이 아니라 책을 태우는 것에 대한 그림이다. 분서(焚書)는 언론 통제를 목적으로 지배자의 의향에 맞지 않는 서적을 불태우는 것이다. 중국의 진시황제는 전국시대부터 학자가 자유로이 정치를 비판하던 풍토를 너무나 싫어해서 기록과 의학, 약학, 농업 이외의 모든 서적을 불태우고 비판적인 의견을 내는 학자가 있으면 생매장해서 죽였다. 서구에서도 중세 이래 히틀러의 분서에 이르기까지 교회와 독재의 권위를 부정하는 저작을 불태웠다. 그러나 "종이는 불타지만 말은 자유롭게 날아간다."라고 강조했던 랍비

---

* 중세 기독교의 한 파(派). 마니교에서 말하는 영육 이원론의 입장을 취하여 금욕주의를 제창하였으나, 12세기 이후로는 가톨릭교회로부터 이단으로 규정되어 탄압을 받았다.

아키바 벤 요셉(c. 50~135)의 말은 옳다.

페드로 베루게테(Pedro Berruguete, 1450~1504)는 고딕과 르네상스 예술 사이의 과도기를 살았던 스페인 화가로 종교 재판을 그린 그림으로 가장 유명하다. 〈카타리파의 책을 불태우는 성 도미니코〉도 그중 하나다.

중세 유럽에서 가톨릭교회는 언제나 이단을 심판하고 처벌했으나, 12세기 이전까지 이단으로 규정된 교파는 극소수였고 처벌 역시 미미했다. 12세기에 나타난 카타리파는 이단으로 규정된 최초의 집단이었다. 도미니코회가 종교 재판을 주재하면서 수많은 사람이 사형에 처해졌다.

성 도미니코(Sanctus Dominicus, 1170~1221)는 스페인의 그리스도교 성직자이자 도미니코회의 창설자로 청빈한 삶과 설교로 복음의 진리를 철저하게 탐구할 것을 강조했다.

파도바의 성 안토니오

〈파도바의 성 안토니오〉, 엘 그레코, c.1580, 캔버스에 유채, 104×79cm,
프라도 국립 미술관, 마드리드

파도바의 안토니오(Sanctus Antonius Patavinus, 1195~1231)는 유명
세를 많이 치른 인물이다. 포르투갈의 사제이자 프란치스코 수도회
의 수사인 그는 우선 강력한 설교와 심오한 신학지식, 가난한 사람
과 병자들에 대한 끊임없는 사랑과 헌신으로 유명했다. 또한 죽은 지
1년 만에—가톨릭 역사상 가장 빨리— 시성된 성인으로도 유명하다.

그뿐 아니다. 예수의 어머니인 마리아 다음으로 어린 예수를 품에 안고 있는 성자로 미술 작품에서 가장 자주 묘사되는 것으로도 유명하다. 가톨릭의 여러 이미지 가운데 성 안토니오와 아기 예수의 모습이 가장 애호되는지도 모르겠다. 회화나 조각에서 그는 주로 책, 심장, 불꽃, 백합 또는 어린 예수와 함께 등장한다.

이 그림에는 펼쳐진 성서 위에 어린아이가 누워 있는 모습이 있다. 이를 성 안토니오가 순수의 상징인 백합을 들고서 지켜보고 있는데, 이것은 엘 그레코가 이 그림을 그린 뒤에 누군가가 가필한 부분이라고 한다. 이 작품을 두고 성 안토니오가 예수의 탄생에 대해 설교하던 중 성서에서 아기 예수가 나타났다는 전설이 생겼으나 다른 이야기도 전해진다. 안토니오는 죽기 전에 이탈리아 파도바에서 사순절 선교를 한 뒤 그의 설교를 듣고 방탕한 삶에서 개종한 티소 백작 집에 머물고 있었다. 어느 날 밤, 백작이 안토니오의 숙소를 지나가다가 안토니오가 아기 그리스도를 안고 서 있는 모습을 보았다는 이야기다.

여하튼 성 안토니오의 팔에 안긴 아기 그리스도는 우리가 이 세상을 어린아이와 같은 방식으로 대해야 한다는 것을 말해준다. 아기의 경외심은 주변의 모든 선함을 축복하고 격려한다. 반면 아기는 무력하고 작고 가난하다. 성 안토니오는 교만으로 가득 찬 자들에게 "예수께서 내려오셔서 자기를 낮추셨으니, 당신들도 내려오라."고 간청했다.

엘 그레코(El Greco, 1541~1614)는 그리스 출신으로 스페인에서 활동한 매너리즘파 화가이다. 1577년에 스페인의 톨레도로 이주한 후 종교적인 주제의 그림을 그렸다. 선명한 주조 색과 그늘진 배경의 대조, 인물의 얼굴을 길게 묘사하는 등 화풍도 독특했다. 하지만 생전에는 인정받지 못하다가 20세기 초 독일 표현주의에 지대한 영향을 주면서 오늘날에는 미술사에서 매우 중요한 작가로 재평가되었다.

엘 그레코의 혼란스럽고 폭력적이며 자연에 반하는 작품들은 스타일의 자유를 추구하기 위한 것으로 매우 현대적이고 지적이었다. 그는 진정한 휴머니스트이자 르네상스맨이었다. 또한 타고난 독서가로서 그리스어로 된 주요 작품은 물론 라틴어, 이탈리아어, 스페인어로 된 다양한 책을 섭렵했다. 그중에는 플루타르코스나 페트라르카의 책들과 함께 르네상스 건축가인 레온 바티스타 알베르티(Leon Battista Alberti)의 책도 포함된다.

단테 알리기에리 초상화

〈단테 알리기에리 초상화〉, 루키 시뇨렐리, 1499~1504, 프레스코,
크기 미상, 산 브리치오 예배당, 오르비에토, 이탈리아

단테 알리기에리(Dante Alighieri, 1265~1321)는 이탈리아 시인으로
『신곡La Divina Commedia』(1308~1321)의 저자로 유명하다. 그 책을
펼치면 첫 줄에 다음과 같은 문장이 나온다.

우리의 필멸의 삶의 중간에,

나는

길을 잃은 우울한 숲에서 나를 발견했다. 길에서 멀어졌다. 그리고
그것은 쉬운 일이 아니었다. 그 숲이 얼마나 야만적이고 거칠고,
그 숲이 얼마나 견고하고 거칠게 성장했는지,

오직 기억해야 할 것은

죽음이 멀지 않은 비통함 속에서 나의 실망이 되살아나는 것이다.
그러나 거기에 좋은 일이 무엇인지에 대한 담론에 대해서는
내가 거기에서 발견한 다른 모든 것을 이야기할 것이다.

단테는 그의 동시대 사람들뿐만 아니라 모든 사람에게 어떻게 해
야 가장 어두운 심연을 건너갈 수 있는지, 또 왜 건너야 하는지에 대
해 이야기한다.

그는 자신의 약점과 연약함을 숨기기는커녕 자신이 길을 잃었다고
분명하게 드러내면서 '어두움을 건너는 법'을 묻는 우리에게 직접 대
답을 제시한다. 따라서 『신곡』의 줄거리도 간단하다.

단테 자신으로 추정되는 한 남자가 기적적으로 초세속적인 여행을
떠나게 되어 지옥, 연옥, 천국에 있는 영혼들을 방문한다. 그의 곁에
는 지옥과 연옥으로 이끄는 베르길리우스와 천국으로 이끄는 베아트
리체라는 두 명의 가이드가 있다. 처음에는 지옥에 갔다가 다시 지옥
보다는 고통이 덜한 연옥을 지나 마지막으로 천국에 간다는 기독교
사상에 근거한 이 이야기는 뛰어난 생생한 묘사 덕분에 근대 문학을
태동했다고 평가된다.

『신곡』에서 보듯이 그는 베르길리우스나 중세의 스콜라 철학, 그
리고 그 기반인 아리스토텔레스 철학을 깊이 연구하였다. 따라서 그

림에서 그가 보는 책들은 철학책이거나 자신이 쓴 『신곡』이 아닐까, 라고 짐작할 수 있겠다. 그 밖에도 단테는 고대 그리스의 호메로스부터 로마의 보이티우스(Boethius, 480~524)*, 아베로에스(Averroes, 1126~1198),** 아퀴나스 같은 작가와 철학자의 저술을 탐구했다.

흔히 단테를 '중세의 끝이자 근대의 시작'이라고 일컫는다. 그 근대란 곧 '자유'이다. 단테는 '자유를 시작'했다. 그래서 그는 위대하다. 『신곡』은 상상력의 책이고, 자유의 책이다. 지옥에는 자유라는 개념 자체가 존재하지 않지만, 연옥에서 단테는 자유를 찾는 사람으로 묘사된다(70-72). 여기서 단테의 사후세계 여행은 자유를 향한 탐구가 된다.

단테의 여행은 그를 내면으로 데려가 자신과 자신의 결점을 탐색하고, 지옥 및 연옥과 천국의 신성한 질서를 이해하여 참된 자유를 알게 해준다. 단테는 지식을 통해서만 진정으로 자유로울 수 있다고 했다. "인간은 짐승처럼 살지 않고 미덕과 지식을 따라 살도록 창조되었다."(119) 그것이 휴머니즘이고 자유이다.

단테를 그린 이탈리아 르네상스 시대의 화가인 루카 시뇨렐리(Luca Signorelli, 1441~1523)는 미켈란젤로에게 영향을 준 근육질의 프레스코화를 많이 그렸다. 시스티나성당의 모세 프레스코화도 그의 작품인데, 그의 그림은 이른바 르네상스적 자유의 묘사라 할 만하다.

---

* 로마 최후의 저술가·철학자. 로마의 명문가에서 태어나 510년에는 집정관이 되었다. 당시의 지배자 동고트인 테오도리쿠스의 신임이 두터웠으나 반역죄에 연루되어 체포된 후 처형되었다. 대표작은 옥중에서 집필한 『철학의 위안』이다.

** 스페인의 아랍계 철학자이자 의학자. 이븐 루시드라고도 한다. 종교와 철학 둘 다 동일한 진리에 도달하는 것을 목적으로 하기에 서로 결함되지 않는다고 주장하여 정통파 신학자와 일반인으로부터 백안시당했다.

『숙녀들의 도시』

『숙녀들의 도시』에 실린 삽화, 작자 미상, 15세기, 프랑스 국립도서관

세상에! 15세기 초에 『숙녀들의 도시La Cité des dames』(1405)라는 '여성이 쓴 책'이 나왔다니! 그것도 여성이 남성의 삶을 비참하게 만든다고 탄식한 13세기 프랑스 성직자 마테올루스(Matheolus)가 쓴 시 「탄식Lamentations」에 대한 반발로 쓴 책이라니!

그 시를 읽은 크리스틴 드 피장(Christine de Pizan, 1364~1430)은 화

가 나서 여자라는 사실이 부끄러웠고 "그 생각은 나에게 엄청난 혐오감과 슬픔을 불러일으켰으므로 나 자신과 여성이라는 내 성 전체를 자연의 일탈로 경멸하기 시작했다." 그런데 그때 왕관을 쓴 세 여신이 나타나 좋은 성품과 굳센 절개에도 불구하고 부당하게 모욕당하는 여성들을 위해 견고한 성채를 짓고 성벽을 쌓아 '숙녀들의 도시'를 세우라고 명한다. 거울을 든 이성의 여신, 자를 든 공정의 여신, 저울을 든 정의의 여신이다. 드 피장이 펼친 책은 「탄식」이고, 그 옆에 있는 책들은 그녀의 저서들일 것이다.

세 여신은 책의 1, 2, 3부에 각각 등장한다. 1부에서 이성의 여신은 일부 남성이 여성을 비방하는 이유를 묻는 데 답하고, 도시가 건설될 기반을 준비하도록 돕는다. 2부에서는 공정의 여신이 '여성의 도시 성벽 안에 집과 건물을 건설'하는 작업을 돕고 '위대한 명성을 지닌 용감한 여성'인 주민들로 도시를 채우게 한다. 3부에서는 정의의 여신이 도시를 통치할 여왕을 데려오는 것을 포함하여 도시에 '마무리 손질'을 한다. 마지막으로 드 피장은 도시를 방어하고 보호하며 그들의 여왕(성모 마리아)을 따르도록 간청한다. 그녀는 또한 여성들에게 "무엇보다도 가장 안전하게 지켜야 할 것, 즉 순결과 영광스러운 명예를 훔치려고 속임수와 달콤한 말만 사용하는 이 배신적인 거짓말쟁이들을 몰아내십시오."라고 일갈하면서 여성들에게 경고한다.

드 피장은 프랑스 최초의 직업적인 여성 문필가라고 한다. 이탈리아에서 태어나 일찍이 프랑스에 건너와 16세에 결혼했지만, 십 년 뒤 남편이 죽는다. 혼자서 어린 자식 셋을 키우고 어머니를 봉양했고, 재산을 가로채려는 남편의 친척들 및 사기꾼들과 송사를 벌여야 했다. 이렇게 많은 사람과 만나는 과정에서 그녀는 여성에게 불공정한 세상의 여러 관행을 경험한다. 그리고 이를 통해 남성과 여성에 관한 독자적인 시각을 획득할 수 있었다.

공부에서 위안을 찾았던 드 피장은 슬픔을 표현하기 위한 방법으로 시를 썼다. 그리고 『장미 이야기』를 반박한 「장미 이야기에 관한 편지Epistre sur le Roman de la Rose」(1401~1403)를 통해 여성의 권리를 옹호하면서 더욱 유명해졌다.

당시 복잡한 국내외 정세 속에서 프랑스를 구하기 위해 오를레앙의 처녀 잔 다르크가 등장하자 피장은 누구보다도 기뻐했다. 『잔 다르크 전』(1430)을 써서 그녀를 찬양하기도 했다. 잔 다르크에 관한 최초의 문학작품인 이 책에서 드 피장은 잔 다르크의 무공과 함께 그녀의 신앙심을 강조했다. 어쩌면 피장은 잔 다르크를 통해 '숙녀들의 도시'가 현실에서도 실현될 가능성을 보았는지도 모른다. 그러나 이러한 기대와 희망은 곧 무산되었다. 잔 다르크가 마녀로 몰려 화형대에서 처형되고 말았기 때문이다.

다행히도 피장은 이러한 파국 이전인 1430년대 초에 딸이 있던 수녀원에서 죽었고, 『잔 다르크 전』은 결국 그녀의 마지막 작품이 되고 말았다.

제2장

르네상스

구텐베르크, 활판 인쇄술의 발명자

〈구텐베르크, 활판 인쇄술의 발명자〉, 장 안토완 로랑, 1831, 유화/캔버스,
98×79cm, 그르노블미술관, 프랑스

구텐베르크는 이 책의 주인공인 독서인이 아니지만, 마셜 맥루한
의 말처럼 "그에 의해 인간은 모두 독자가 되었다."고 하니 독서인의
아버지로 다루어도 문제가 없을 터다.

마찬가지로 위 그림을 그린 장 안토완 로랑(Jean Antoine Laurent,
1763~1832)은 프랑스의 화가로 미술사에는 이름을 남기지 않은 화가

이지만, 구텐베르크 초상화를 그린 사람으로 이 책에 담아보자. 실제로는 19세기 화가이지만 그가 그린 주인공이 15세기 사람이니 자리도 이쯤이면 적당할 것이다. 로랑은 초기 낭만주의의 조용한 감성을 보여주는 화풍으로 구텐베르크를 마치 중세의 성직자처럼 묘사했다. 그림 속에서 구텐베르크는 작은 조각을 손에 쥐고 심사숙고하고 있다.

구텐베르크가 개발한 금속활자는 정보전달의 현대화를 이룬 초석으로 르네상스, 종교개혁, 계몽운동 등 근대사에 획을 그은 가장 중요한 역사적 사건들을 태동했다.

그전에는 문자를 손으로 일일이 써서 책을 만들었다. 따라서 책은 아무나 소유할 수 없고, 쉽게 접근하기에도 어려운 물건이었다. 그러나 이동식 인쇄기가 등장하면서 상황이 달라졌다. 마음만 먹으면 책을 손에 넣을 수 있게 되었고, 덕분에 정보와 사상의 전파 속도에도 불이 붙었다. 그 결과 정치적·종교적 권력은 서서히 약화했고, 글 읽는 대중이 증가함에 따라 그야말로 '교양'의 시대가 열렸다.

구텐베르크의 중요한 업적 중 하나는 라틴어 성서를 인쇄한 것이다. 우리가 흔히 구텐베르크 성서(Gutenberg Bible, 1455) 또는 마자린 성서(Mazarin Bible) 혹은 불가타(새 라틴어 성경)라고 부르는 책이 바로 그것이다. 한쪽에 42줄로 인쇄가 되어 있어 42줄 성서라고 부르기도 한다. 기술적으로도 질이 높고 보기에도 아름답다.

이 성서는 이동식 금속활자로 찍은 최초의 작품이라고 알려져 있으나 사실은 그렇지 않다. 세계 최초의 금속활자본은 고려의 직지(直指)이고, 고려의 직지는 구텐베르크의 성서보다 무려 78년 앞서서 만들어졌다. 그러나 서양에서는 구텐베르크의 활자와 함께 라틴어 성경이 '구텐베르크 혁명' '인쇄된 책의 시대'의 상징적인 아이콘이 되었다. 구텐베르크 성서 이후 유럽 여러 도시에 인쇄기가 보급되었고 책 제작은 중대한 전환기를 맞는다.

〈애서광〉, 알브레히트 뒤러, 1494, 목판, 약 11×8cm

　광대 옷을 입고 수면 모자를 쓴 남자가 책에 파묻혀 있다. 흔히 '책 벌레'의 상징으로 여겨지는 커다란 잠자리안경을 끼고 있지만, 책 읽는 데 집중한 모습은 아니다. 총채 같은 물건으로 파리나 쫓는 것 같이 보인다.

　이 그림은 세바스티안 브란트(Sebastian Brant, 1458~1521)의 『바보

들의 배Das Narrenschiff』(1494)에 나오는 목판화이다. 『바보들의 배』
는 총 112장으로 구성되었는데, 온갖 종류의 바보를 가득 태운 배가
어리석음이 휘몰아치는 바다를 지나 가상의 낙원인 '나라고니아'로
가는 이야기를 담고 있다. 다양한 바보들의 유형이 각각 목판화 그림
한 점과 짝을 이루는 것이 특징이다. 이 판화들은 알브레히트 뒤러가
작업한 것으로 추정된다.

세바스티안 브란트는 독일의 인문주의자이자 풍자가로 스트라스
부르에서 태어나 바젤대학교에서 철학과 법학을 공부하고 법학부에
서 가르쳤다. 시대의 약점과 악덕을 비난한 『바보들의 배』에 나오는
바보 종류는 매우 다양하다. 범죄자, 주정꾼, 행실이 나쁜 승려, 음란
한 승려, 돈을 낭비하는 사람, 뇌물을 받는 판사, 참견하는 사람, 뚱
뚱한 여성 등이다. 브란트는 이처럼 다양한 바보를 제시하여 15세기
에 횡행했던 어리석음의 여러 면모를 보여줌으로써 독자들이 이를
반면교사 삼아 행동을 고치기를 바랐다.

그러나 아이러니하게도 그는 종교개혁의 선구자도 아니었고, 르네
상스 휴머니스트도 아니었다. 오히려 중세 사상과 이상을 대표하는
사람이었다. 그는 황제를 기독교 국가의 현세 최고 통치자로 보고,
교회를 지상 최고의 영적 통치자로 보아 독일 제국의 권력 회복과 영
토 강화를 희망했다.

『바보들의 배』에 나오는 첫 번째 바보는 많은 책을 소유하고 있지
만 정작 읽지도 이해하지도 못하는 어리석은 독자다. 그가 할 줄 아
는 것이라곤 기껏해야 술 달린 막대기를 휘둘러 파리를 쫓는 일뿐이
다. 이 그림은 요하네스 구텐베르크가 약 1440년경에 금속 활판 인쇄
술을 사용한 이래 유럽에 많은 책이 쏟아져 나오면서 책을 수집하기

만 하는 수집가가 등장하였음을 상징적으로 보여준다. 구텐베르크는 면죄부도 인쇄하고 교황의 칙령 등 종교적인 문서도 많이 인쇄했지만, 마르틴 루터가 면죄부 판매를 비판한 95개 조 반박문도 활판 인쇄술을 써서 대량으로 인쇄했다. 덕분에 95개 조 반박문은 2주 만에 독일 전역에, 두 달 만에 유럽 전역으로 퍼져나갔다. 이후 루터는 자신의 신학과 사상을 인쇄하고 배포하여 종교개혁을 시작한다.

삽화를 그린 알브레히트 뒤러는 독일의 화가·판화가·조각가로 독일 르네상스를 대표한다. 뉘른베르크 출신으로 도제를 거쳐 화가가 되어 바젤에서 활동하면서 23세에 앞에 소개한 판화를 제작했다. 그 뒤 이탈리아 르네상스 미술을 공부하고 돌아와 독자적인 화풍으로 종교화·초상화·풍경화 등을 그렸으며, 동판·목판 등 판화 부문에서도 뛰어난 작품을 남겼다.

바보 치료

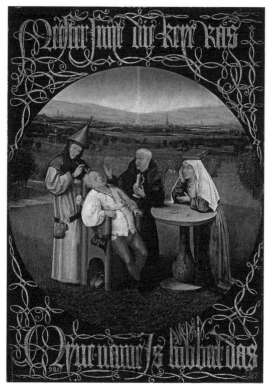

〈바보 치료〉, 히에로니무스 보스, 1501-1505, 유화/판, 48.5×34.5cm,
프라도미술관, 마드리드

이 그림은 책 읽는 사람을 묘사한 게 아니라 읽지 않는 사람에게 책 읽기를 권유하는 것이다. 1494년경 제작된 것으로 추정된 히에로니무스 보스의 〈바보 치료〉는 그의 걸작인 〈일곱 가지 대죄와 네 가지 종말〉과 마찬가지로 스페인 프라도 박물관에 소장되어 있다.

원형의 틀 안에 풍요로운 여름 풍경이 펼쳐져 있다. 머리에 깔때기를 쓴, 마치 외과 의사처럼 보이는 시술자가 의자에 묶인 남성의 머리에서 돌 또는 튤립처럼 보이는 것을 제거하고 있다. 검은색 옷을 입은 수도사는 물병 같은 것을 손에 쥔 채 뭔가 불만을 제기하고 있다. 그 옆에는 수녀 복장을 한 여성이 상체를 탁자에 기대고 한 손으로 턱을 괴고 있다. 무심한 듯 수수방관하는 자세다. 그런데 그녀의 머리에 책이 한 권 얹어져 있다. 책을 머리 위에 올려두다니! 이 모습은 책을 읽기보다는 장식하는 용도로 활용하던 당대 상황을 풍자한 것이다.

그림 속 책은 아마도 성서일 것이다. 물론 농부가 사기꾼 의사에게 치료를 잘 받는다면, 수녀가 머리에서 책을 내려 돌려가며 모두가 조금이라도 읽는다면, 어쩌면 무엇인가 달라질지도 모른다.

원형 틀 바깥에는 세련된 금박 글씨로 "선생, 돌을 빼주시오. 나는 루베르트 다스라고 합니다."라는 글이 적혀 있다. '루베르트'라는 이름은 당시 네덜란드 문학에서 우둔한 사람을 가리키는 표현으로 흔히 사용되었다. 시술자가 의자에 묶여 있는 남성의 머리에서 제거하고 있는 튤립 역시 16세기 네덜란드에서는 우둔함과 바보스러움을 상징했다.

그림 속 시술자는 돌 혹은 튤립을 제거함으로써 바보를 치료하고 있다. 보스는 바보의 상징으로 튤립을 사용하였지만, 당대에는 '바보를 치료하는 시술'이 환자의 머리에서 돌을 제거하는 것이었다. 물론 이 시술법은 실제로 실행된 게 아니다. 일종의 엉터리 치료법 중 하나로 문학작품 등에서 종종 나타났다.

시술자가 이런 기괴한 치료법을 시행하고 있는데도 성직자로 보이는 두 인물은 상관하지 않는 분위기다. 그러니 이 그림 〈바보 치료〉

는 엉터리 치료법으로 사람을 속이는 사기꾼과 함께 교회-성직자들을 비판하는 것이라고 보아도 무방할 터다.

켈티스

〈켈티스〉, 한스 부르크마이어, 1507, 목판, 21.7×14.5cm

독일 화가 한스 브루크마이어(Hans Burgkmair, 1473~1531)가 그린 콘라트 켈티스(Conrad Celtis, 1459~1508)의 초상이다. 특이하게도 죽은 모습이다.

독일 르네상스의 가장 위대한 휴머니스트이자 시인인 켈티스가 쓴 박사 모에는 월계관이 둘려 있다. 월계관은 명예의 상징이지만 그 위로 보이는 띠에는 죽음을 의미하는 문장이 적혀 있다. '죽음이여, 그대는 왜 아름다운 우정을 깨트리는가? 그러나 종말은 잘 가꿔 이룬 것들을 보여주리라, 죽음의 권세도 해하지 못하는 것들을.' 마찬가지로 명예를 상징하는 그의 문장(紋章)이 끊어지고 그 양쪽 끝에는 아기 천사들이 울고 있는데 이 역시 그가 죽었기 때문이다. 그림 위쪽의 양 끝에도 아폴로와 머큐리가 그의 죽음을 애도하고 있다.

시인은 자신의 대표적 저술에 손을 얹고 있다. 그에게는 저술들이 '잘 가꿔 이룬 것들'로 '죽음의 권세마저도 해하지 못하는 것'이다. 이처럼 휴머니스트들은 지적인 작업을 통해 죽음을 극복하고자 했다. 현세와 내세를 구분하는 기독교와 달리 휴머니스트에게 현세의 성취는 죽음 이후에도 이어진다. 이는 인간을 '불쌍한 존재' '구원받아야 할 존재'로 보았던 중세와 다른 시각이다.

휴머니스트는 인간을 영원한 '존엄성'을 지닌 존재로 보았다. 이때 인간의 존엄성을 보장해주는 성취가 바로 '책'이다. 켈티스는 고전 언어와 역사 분야에서 탁월한 업적을 남겼고, 라틴어 교육에 체계적인 방법을 도입하여 고전 연구를 더욱 발전시켰으며, 세계 역사 전체를 가르친 최초의 사람이자 가장 뛰어난 지도 제작자였다.

사실 이 초상화에서는 죽은 시인보다는 그의 명성을 영원히 존속시켜줄 책이 더 강조되고 있다. 휴머니스트를 흔히 인문주의자라고 번역하는데, 그것이 신 중심의 중세와 달리 인간 중심이었다고 하는 점에서 반드시 정확한 번역이라고 할 수 없지만, 인간 자체보다 인간이 만든 학문과 예술의 가치를 더 중시했다는 이유에서 인문주의자라는 말에도 일리는 있다.

이제 인간은 신의 피조물로 수동적인 존재가 아니라 적극적으로 자신의 삶과 죽음을 관리하고 책임지는 존재가 된다. 르네상스와 종교개혁은 이러한 새로운 인간관에 의해 가능해진 것이다. 켈티스를 비롯한 휴머니스트들은 자유로운 사고를 지니고, 기독교적 이상(理想)을 숭상하기보다 고대 그리스·로마의 이교도 문화에 더 높은 가치를 두었다.

니콜로 마키아벨리의 초상

〈니콜로 마키아벨리의 초상〉, 로소 피오렌티노(추정), 16세기 초반, 유채/판,
크기 미상, 마키아벨리의 집(산탄드레아 인 페르쿠시나)

　니콜로 마키아벨리(Niccolò Machiavelli, 1469~1527)가 자신이 쓴
『군주론』이 나온 직후 그 책을 들고 있는 모습이다. 『군주론』은
1513년에 나왔으니 그림은 그 후에 그려졌을 터다. 『예술가는 왜 책
을 사랑하는가』의 한국어 번역판에는 화가가 "『궁정인』이 출간된 직
후부터 이 책을 소장했다."라고 나와 있는데(47쪽), 이는 『군주론』이

출간된 직후에 화가가 이 그림을 그렸다고 하는 내용의 오역이다.

이 그림은 가장 일반적인 마키아벨리 초상화로 여겨지는 그림, 즉 이탈리아의 바로크 화가 산티 디 티토(Santi di Tito, 1536~1603)가 1550년~1600년 사이에 그린 그림과 유사하다. 물론 그때는 마키아벨리가 죽은 뒤이다. 얼굴 모양이나 옷 모양은 거의 비슷하게 묘사되었지만 말이다. 로소의 그림이 적어도 1513년에 그려진 것이니, 디 티토는 어쩌면 로소의 그림을 보고 그렸을지도 모른다.

마키아벨리는 1498년부터 1512년까지 피렌체 공화국의 제2서기국의 서기장을 역임했다. 두 화가의 그림에 나오는 마키아벨리는 관복을 입고 독서하는 습관이 그대로 묘사되어 있다. 관직에서 퇴임한 직후인 1513년 12월 그는 친구인 당시 로마 주재 피렌체 대사였던 프란체스코 베토리에게 보낸 편지에 다음과 같이 썼다.

저녁이 되면 저는 집으로 돌아와 서재로 들어갑니다. 문 앞에서 저는 진흙과 진창으로 뒤덮인 일상복을 벗고 공화국 궁정의 관복을 갈아입습니다. 품위 있게 옷을 갈아입은 채 고대인들의 고대 궁정에 들어갑니다. 저는 부끄러움도 모르고 그들과 이야기하고 그들의 행동에 관해서 묻습니다. 그리고 그들은 인간적 친절로 나에게 대답합니다. 그리고 네 시간 동안 나는 지루함을 느끼지 않고, 모든 고통을 잊어버리며, 가난을 두려워하지 않고, 죽음도 두려워하지 않습니다. 나는 그들에게 나 자신을 온전히 바칩니다.

마키아벨리는 진정한 독서인이었다. 그는 종종 무자비한 독재정치를 주장한 사람으로 오해되지만, 그가 살았던 시대의 조국 이탈리아는 갈가리 찢긴 분단국가였다. 따라서 그는 이미 통일된 강대국으로서 호시탐탐 이탈리아를 침략했던 프랑스나 스페인처럼 강력한 통일국가를 이루고 싶어 했다.

　마키아벨리는 당시의 프랑스나 스페인 같은 군주국이 아니라 민주공화국을 세우고자 했고, 그런 공화국을 세우려면 수단과 방법을 가리지 말아야 한다고 말했다. 그러나 이는 어디까지나 예외적이어야 한다고 덧붙였다. 즉 정치란 전통에서 강조된 바대로 도덕적으로 하되, 그렇게 할 수 없을 때만 예외적으로 비도덕적인 수단을 강구할수도 있다고 말했다. 마키아벨리는 철저한 현실 관찰에 근거하여 동태적이고 다원적인 판단을 내린 것이다.

알베르토 3세 피오의 초상

〈알베르토 3세 피오의 초상〉, 베르나르디노 로스키, 1512, 유화/판,
58.4×49.5cm, 국립미술관, 런던

알베르토 3세 피오(Alberto III Pío, 1475~1531)는 이탈리아 르네상
스 시대의 카르피 왕자로 휴머니즘에 관심이 많았다. 그는 또한 메디
치 교황과 친밀한 관계에 있었다.

베르나르디노 로스키(Bernardino Loschi, 1460~1540)가 그린 것으
로 추정되는 이 초상화에서 피오는 베르길리우스의 서사시인 『아이

네이스Aeneis』를 들고 있다. 고대 로마의 시인 베르길리우스가 로마의 시조로 추앙받는 영웅 아이네이아스의 일대기를 소재로 쓴 서사시로 이 작품에 의해 베르길리우스는 호메로스, 단테와 함께 3대 서사시 작가로 불리게 된다.

트로이가 함락된 후 아이네이아스는 생존자들을 모아 불타는 트로이를 빠져나간다. 그리고 고난과 고통 아래 오랫동안 지중해를 떠돌아다닌 끝에 이탈리아에 도착한다. 그곳에서 토착민들과 난폭한 전쟁으로 대학살을 벌인 뒤 정복을 완수하고 로마를 세운다.

전체 12편 가운데 유명한 것은 아이네이아스가 트로이에서 도망치는 2편, 카르타고의 여왕 디도의 파멸을 다룬 4편, 그리고 단테의 『신곡』 중 「지옥」 편에 영향을 준 6편이다. 그 마지막은 율리우스 카이사르와 아우구스투스를 크게 찬미하는 것이어서 어용이라는 평가도 있지만, 농경시나 전원시 등에서 성실하고 건전한 농경 생활이나 전원생활을 예찬하고 신봉하는 베르길리우스의 관점에서 볼 때 아우구스투스는 로마의 오랜 혼란과 전쟁을 종결하고 이제 밝은 미래를 가져다줄 지도자였다.

한편으로 『아이네이스』는 호메로스의 『일리아스』와 『오디세이아』를 모방한 것이라거나, 로마라는 나라가 대학살 위에 세워진 것을 미화했다는 비판을 받기도 한다. 나아가 그 뒤 서양에 의한 비서양의 모든 침략을 합리화하는 고전으로 서양인들이 숭상했다는 비판도 받는다.

앞에서 본 뒤러나 보스의 그림에서 책들이 부정적으로 그려진 데 비해 로스키의 그림에서는 책이 긍정적으로 묘사된다. 우리가 르네상스에 대해 배울 때 흔히 책이 고전의 부흥과 동일시되는 것처럼 말이다. 피오는 르네상스 시대의 휴머니스트로 그리스·로마 고전을 방대하게 수집하여 읽었고, 이를 자신의 정치적 권위로 삼았다. 특히 구텐베르크의 금속 활판술 이후 그리스·로마 고전의 복사본이 폭발적으로 널리 퍼지게 되었고, 이와 더불어 기독교에서 벗어나 인문학과 예술을 발전시키는 계기가 마련된다. 그러나 간과해서는 안 되는 점도 있다. 이 시기가 실은 '지리상의 침략'이었던 강대국의 행위가 '지리상의 발견'이라는 이름으로 미화되는 중이었다는 사실이다.

로테르담의 에라스뮈스

〈로테르담의 에라스뮈스〉, 알브레히트 뒤러, 1526, 판화/종이, 24.5×19cm,
빅토리아앤알버트미술관, 런던

　윈손에 잉크병을 들고, 오른손에 골필을 쥐고 편지를 쓰는 사람
은 휴머니스트인 가톨릭 사제이자 신학자인 로테르담의 에라스뮈스
(Desiderius Erasmus Roterodamus, 1466~1536)다. 굳게 다문 입과 꼿꼿
한 자세, 풍성하게 주름진 옷 위로 성직자처럼 천을 목에 두른 모습,
박사 모 등은 그가 굳은 의지의 대학자임을 강조해준다.

그의 앞에는 학자의 겸손과 순수함을 상징하는 제비꽃과 은방울꽃이 담긴 화병이 있다. 곧 시들어버릴 꽃과 청동 화병의 대조처럼, 나이가 들어 주름이 깊게 팬 얼굴과 석판이 대조를 이룬다.

그림 왼쪽 위의 석판에는 라틴어와 그리스어로 "로테르담의 초상으로 살아 있는 모습에 따라 알브레히트 뒤러가 그렸다. 더 나은 초상은 앞쪽에 있는 그의 저작이다."라고 적혀 있다. 그의 앞에 있는 책은 그가 고대 그리스·로마의 격언을 모은 『격언집Adagia』처럼 보이지만, 지금까지 그 책은 그리스어로 쓰인 『교정판 신약성서Textus Receptus』라고 여겨져 왔다. 여하튼 에라스뮈스는 책의 사람이었다. "잔돈이 있으면 책을 산다. 돈이 남으면 먹을 것과 옷을 산다."라고 했을 정도다.

이 그림은 에라스뮈스가 네덜란드에서 뒤러를 만난 뒤 자기 초상화를 그려달라고 부탁해 탄생한 것이지만, 실제로 그와는 별로 닮지 않았다. 그런데도 에라스뮈스는 배포를 허락했고 덕분에 이 그림은 유명해졌다. 에라스뮈스는 뒤러를 "고대의 가장 위대한 화가로 꼽히는 아펠레스보다 더 훌륭하다."라고 극찬했다. 아펠레스는 사물을 제대로 표현하기 위해 색채를 썼지만, 뒤러는 선만으로도 빛과 그늘, 입체감과 깊이감을 완벽하게 표현했다는 이유에서다.

그런데 실은 한스 홀바인이 그린 에라스뮈스의 초상화가 더 유명하다. 그 그림에서도 에라스뮈스는 책에 두 손을 얹고 있는데, 책의 타이틀이 『헤라클레스의 업적들』이다. 에라스뮈스의 업적이 헤라클레스만큼 위대하다는 존경의 표시였다. 물론 위의 그림에서도 에라스뮈스의 업적이 강조되고 있다. 그는 다른 사제와 달리 이동하는 데 제약을 거의 받지 않았고, 그 덕분인지 사고가 거침없고 자유로웠다.

슈테판 츠바이크(Stefan Zweig, 1881~1942)는 에라스뮈스에 대해 다음과 같이 말했다.

어느 나라에도 정주하지 않았고, 머무는 곳은 모두 고향으로 알고 지낸, 최초의 의식 있는 세계주의자이자 유럽인이었던 그는 결코 다른 나라에 대한 어느 한 나라의 우월성을 인정하지 않았다. 모든 국가와 인종, 계층으로부터 선별한 고결한 사람들을 커다란 교양인의 동맹체로 불러 모으는 것, 이 숭고한 시도를 그는 자기 삶의 본래 목표로 받아들였다.

종교개혁 지도자들과 마르틴 루터

〈종교개혁 지도자들과 마르틴 루터〉, 독일 화가, 1625~1650, 유채/판,
67.5×90cm, 독일역사박물관, 베를린

종교개혁이 성공한 뒤 그 지도자들이 마르틴 루터(Martin Luther, 1483~1546)를 둘러싸고 있다. 중심의 루터 왼쪽에는 프랑스와 스위스에서 개혁을 이끈 칼뱅, 오른쪽에는 루터파의 이론가인 필리프 멜란히톤이 앉아 있다. 그림 아래에는 교황과 악마가 앉아 있다.

루터는 라틴어 학교와 에르푸르트대학에서 공부했는데 뒤에 그곳을 각각 연옥과 지옥, 맥줏집과 매음굴로 묘사했다. 그는 아버지의 바람대로 변호사가 되기 위한 공부를 시작했다가 회심 후 1505년 7월 17일 에르푸르트에 있는 '아우구스티누스 수도회' 소속 '검은 수도원'에 입회하여 수사신부가 되었다. 그 뒤 비텐베르크대학교에서 가르치면서 1517년 95개 조항을 작성하여 면죄부에 대한 학문적 토론을 제안했다. 1520년에 교황 레오 10세가 루터에게 모든 저작물을 포기할 것을 요구하였으나 루터는 이를 거부했고, 그 결과 1521년에 파문당한다. 신성 로마 황제 카를 5세는 보름스 회의에서 루터를 "무법자"라고 비난했다. 1546년 루터가 사망했을 때도 교황 레오 10세의 파문은 여전히 유효했다.

루터는 구원과 그에 따른 영생은 선행으로 얻는 것이 아니라고 주장했다. 루터의 신학은 성경이 신이 계시한 지식의 유일한 원천이라고 가르침으로써 교황의 권위와 직무에 도전했고, 세례받은 모든 기독교인을 거룩한 제사장으로 간주함으로써 성직자 중심주의에 반대했다. 루터는 라틴어에서 독일어로 성경을 번역함으로써 평신도들이 성경에 훨씬 더 쉽게 접근할 수 있게 했는데, 이는 교회와 독일 문화 양측 모두에 엄청난 영향을 미쳤다. 우선 표준 독일어의 개발 속도가 빨라졌고, 번역 기술에 몇 가지 원칙이 추가되었으며, 영어 번역판인 틴데일 성경의 저술에 영향을 주었고, 루터의 찬송가는 개신교의 교회 음악 발전에도 큰 영향을 미쳤다. 전직 수녀였던 카타리나 폰 보라(Katharina von Bora)와의 결혼은 개신교 성직자의 결혼 관행에 하나의 모델이 되었다.

이후 두 저서에서 루터는 유대인 추방과 회당 불태우기를 요구하는 반유대주의적 견해를 내세웠다. 이 작품들은 또한 로마 가톨릭,

아나뱁티스트(Anabaptist),* 비삼위일체 기독교**인들을 표적으로 삼았다. 그러나 루터가 모든 책의 자유를 인정한 것은 아니다. 그는 오직 성경과 관련된 책의 자유만 인정했다.

가톨릭 외에 루터파와 싸우기 위해 책을 사용한 사람들도 있다. 독일의 휴머니스트 요한 코클레우스는 『독일에 관한 짧은 설명』(1512)에서 고전문학을 인쇄하여 보급하는 것은 찬양했지만, 종교 서적 출판에는 반대함으로써 루터와 오랫동안 논쟁을 이어갔다.

* 아나뱁티스트(재세례신앙)는 16세기 종교개혁 당시 철저한 제자도의 정신을 기초로 초대교회의 순수성을 회복하고자 노력했던 소수 급진 종교개혁자의 교회 개혁 운동이다. 이들은 교회의 순수성을 회복하려면 국가로부터 자유로워야 한다고 믿었고, 유아세례를 반대했다. 당시 유럽의 국가교회는 이를 반종교적 이단 행위로 받아들였고, 국법을 어기는 일로 간주했기에 아나뱁티스트 신자들은 수많은 핍박과 박해의 세월을 보내야 했다.(한국 아나뱁티스트 센터)

** 전통적인 삼위일체론을 부정하는 여러 이론을 뜻한다. 예수그리스도후기성도교회(몰몬교), 여호와의 증인(왕국회관), 참예수교회, 단일오순절교, 그리스도아델피안을 비롯한 일부 종파에서 이 이론들을 지지한다. 정교회, 천주교, 개신교의 대부분을 통틀어 주류 전통적인 기독교단들은 이 주장들을 이단설로 여긴다.

암브로시우스 볼마르 켈러

〈암브로시우스 볼마르 켈러〉, 한스 발둥, 1538, 패널에 유화(석회),
98×72cm, 스트라스부르 노트르담박물관

암브로시우스 볼마르 켈러(Ambrosius Volmar Keller)는 생 피에르
르 준 교회(Saint-Pierre-le-Jeune Church) 원장의 조카였다. 당시 그
교회는 가톨릭에 속했는데, 이 그림이 그려지고 20년 뒤인 1558년에
켈러는 같은 교회의 원장이 되었다. 엄숙한 느낌의 이 초상화는 젊은
켈러가 지닌 무게와 사회적 지위를 보여준다. 그러나 켈러는 정작 이

그림의 모델로서만 유명하다.

화가인 한스 발둥(Hans Baldung, 1484~1545)은 위에서 본 알브레히트 뒤러의 제자로 북유럽 르네상스 미술을 대표하는 미술가 가운데 한 사람이다. 기독교적 신앙과 인간의 욕망, 삶과 죽음 등을 주제로 복잡한 구성과 그로테스크한 분위기의 작품을 그렸다. 뒤러처럼 발둥도 개신교 종교개혁을 지지했다. 발둥은 가족을 통해 동시대 누구보다 당대의 주요 휴머니즘 지식인들과 가까워질 수 있었다. 그리고 이러한 친분을 적극적으로 활용하여 스트라스부르의 인문주의자들과 고대 예술 및 문학의 장면, 그리고 그들의 태도를 반영한 여러 작품을 제작했다. 따라서 발둥의 작품은 16세기 초반의 휴머니즘을 반영한다고 볼 수 있다.

이 그림은 발둥의 작품 중에서 크기가 가장 큰 것이며, 그가 마지막으로 그린 초상화이고, 풍경을 배경으로 사용한 유일한 작품으로서 유명하다. 켈러의 등 뒤에 보이는 포도나무는 기독교나 북유럽의 르네상스 휴머니즘과 관련이 있다. 켈러가 왼쪽에 앉아 오른쪽을 바라보고 있는 구도로 보아 이 초상화에 아버지의 초상도 있지 않았을까 짐작하게 해준다.

켈러가 그림에서 읽고 있는 책은 어쩌면 에라스뮈스의 『우신예찬 Stultitiae Laus』(1511)일지도 모른다. 종교의 힘이 최고로 강력했던 당대에 자화자찬하는 '우신'(愚神; 어리석음의 신)을 통해 왕후·귀족·부자·법률가·학자·성직자 등 모든 신분 계층의 부패와 죄악을 풍자와 해학으로 다루면서 그들이야말로 '진짜 바보'라고 조소한다.

우신은 행복의 섬에서 태어나 만취와 무지의 보살핌을 받는 젊음과 부의 딸로 자아도취, 쾌락, 아부, 망각, 깊은 잠 같은 시종들을 데리고 다니며 세상에는 어리석음이 충만하고, 어리석음에 의하여 사람은 도리어 행복해진다고 주장한다. 어리석음은 생명의 근원이며 청춘과 쾌락을 약속하지만, 학식은 노쇠의 상징이라고 주장하면서 학자나 현인은 책 이외의 인생에서는 무능하지만 어리석은 자는 현실 경험을 통하여 오히려 진정한 분별력을 갖추게 된다고 강조한다. 나아가 그는 고대 황금시대의 소박한 사람들처럼 특별한 학식이나 기예 없이 자연에 이끌려 사는 인간이 가장 행복하다고 하면서, 인생은 우신을 방해하는 것에 불과하다고 썼다. 이처럼 가톨릭교회의 부패와 폐습을 비판하였기에 이 책은 1559년 금서 목록에 올랐다.

바니타스

〈바니타스〉, 한스 홀바인, 1543, 패널에 유채, 크기 미상, 개인 소장

책은 지식, 학문, 지혜, 고결, 권위, 부와 결부되기도 했으나, 16~17세기 바로크 시대의 플랑드르와 네덜란드에서는 바니타스(vanitas), 즉 허무, 공허, 헛됨의 소재로 곧잘 다루어졌다. 바니타스는 여러 상징물을 사용하여 삶의 무상함, 즐거움의 무익함, 죽음의 확실성을 보여주면서 더 높은 이상을 표현하는 우화적 미술의 한 장르이다. 이는

『구약 성경』의 「전도서」 1장 2절 및 12장 8절에 나오는 "허무로다, 허무! 코헬렛이 말한다. 허무로다, 허무! 모든 것이 허무로다!"라는 구절에서 유래했다. 인간의 행동은 일시적이지만 믿음은 영원하다는 것이다.

라틴어의 메멘토 모리(Memento mori)가 '너는 죽을 것임을 기억하라.'라는 뜻으로 미술에서는 두개골이나 모래시계로 묘사되는 반면, 바니타스는 비슷한 주제이면서도 예술과 과학(책, 지도, 악기), 부와 권력(지갑, 보석, 금으로 만든 물건), 즐거움(술잔, 파이프, 카드놀이), 죽음이나 일시적인 상징(해골, 시계, 불타는 양초, 비눗방울, 꽃), 부활과 영생(옥수수 이삭, 담쟁이덩굴, 월계수 가지) 등으로 세속적 욕망이나 기쁨의 허무함을 묘사한 점에서 다르다.

바니타스 장르의 초창기 작품인 이 그림에서 지친 듯한 해골이 무덤처럼 생긴 대좌에 기댄 채 책을 펼쳐놓고 찬찬히 읽고 있다. 일반적으로 바니타스에서는 머리뼈만 그리지만, 이 그림에서는 전체 뼈대가 살아 있는 것처럼 묘사되었다. 뼈 더미가 아닌 해골이 서 있고 (심지어 발을 꼬고서), 대좌 위에 팔꿈치를 대고 왼손에 머리를 괸 채 책을 읽고 있다. 얼굴이 없는 뼈뿐이지만 해골은 왠지 슬퍼 보인다. 그의 자세마저도 어깨에 상당한 무게를 짊어진 듯하다. 자신의 몸과 지식이 어느 순간 사라져버릴 수 있는 일시적인 것들에 지나지 않으며, 따라서 예전에 믿었던 것만큼 높이 평가될 수 없다는 것을 완전히 인지하고 있는 것 같다.

한스 홀바인(Hans Holbein, 1497~1543)은 독일-스위스 화가이자 판화가이자 16세기 최고의 초상화가로 1523년 에라스뮈스의 초상을 그려 국제적인 명성을 얻었다. 그 뒤 에라스뮈스의 추천으로 영국에 가서 토마스 모어(Thomas More)가 주축이 된 휴머니즘 모임에 합류하였고, 1535년까지 헨리 8세 왕가의 화가로 지냈다. 그 뒤에는 스위스 바젤과 영국을 오가며 많은 걸작을 그렸다. 그가 활동한 바젤은 마르틴 루터의 주요 저서가 처음으로 출판되어 종교개혁을 전파했던 중심지로 홀바인도 이에 동조했다.

자화상

〈자화상〉, 소포니스바 안귀솔라, 1554, 유채/판, 19.5×12.5cm,
빈미술사박물관

    이렇게 생동감에 넘치고 당돌해 보일 만큼 당당한 표정을 지닌 아름다운 여인, 그것도 여성화가 자신의 자화상이 500년 전에 그려졌다는 것을 믿을 수 있는가? 50년 전, 아니 5년 전에 그려졌다고 해도 무방하지 않을까? 게다가 그녀는 자기가 펼쳐 든 책에 "결혼하지 않은 여성 소포니스바 안귀솔라가 1554년에 직접 그렸다."라고 당당하게 쓰고서 자신의 순수함과 고결함을 강조한다.

당시 남성과 달리 여성은 수동적인 대상으로만 여겨졌으나 이 〈자화상〉에서는 자신을 그리는 대상이 아니라 창조적인 예술가로 제시한다. 이는 여성이 본질적으로 남성이 연주하는 도구라는 통념에 반하는 것으로 차츰 스스로 악기를 연주하며 다른 역할을 맡고 있는 모습, 자신을 성모 마리아에 비유하여 고결성 강조하기, 혹은 자신을 예술가이자 아내로 묘사하는 이중 초상화 이미지 등을 사용하여 여성의 다양한 지위를 나타내는 자화상으로 발전한다.

안귀솔라가 자화상이나 가족 초상화를 많이 그린 것은 당시에는 여성이 남성처럼 해부학을 공부하거나 누드를 볼 수 없었을뿐더러 종교화나 역사화 같은 대작을 그릴 기회가 없었기 때문이기도 했지만, 그녀는 이런 열악한 조건을 극복하여 새로운 자화상과 가족화의 세계를 창조했다.

르네상스의 역사적 의의를 부정하는 사람이라고 해도 여성들이 역사상 최초로 자신들이 인간임을 자각하고 책을 읽고 그림을 그리게 된 역사적 의의를 부정할 수 있을까? 물론 당시에도 여성 대다수는 봉건적 질곡 속에 살았지만, 역사는 항상 깨어있는 창조적 소수에 의해 시작되지 않았던가?

소포니스바 안귀솔라(Sofonisba Anguissola, 1532경~1625)는 가난한 귀족 가정 출신의 이탈리아 르네상스 화가다. 그녀는 최초의 여성 예술가이자 국제적인 명성을 얻은 최초의 여성 예술가 중 한 명이었고, 여성화가 중에서는 아버지가 화가가 아닌 귀족이라는 점에서 특이했다. 이탈리아 르네상스 시대의 여성들은 자신의 아버지가 화가인 경우에만 필수 코스인 견습생이 될 수 있었다. 안귀솔라의 아버지는 딸에게 르네상스 시대 지식인들에게 요구되었던 휴머니즘 교육을 받게 하고 딸이 화가가 되도록 격려했지만, 그녀는 남성 화가들과 동등하게 대우받지 못했다.

그렇다고 해서 그녀가 당시 주류사회의 견고한 체제나 남성 중심의 세계에 반발한 것은 아니었다. 검은색 복장에서 볼 수 있듯이 안귀솔라는 겸손과 미덕이라는 르네상스적인 궁정인의 모습을 체화했다. 이는 그녀가 어린 시절부터 아버지에 의해 카스틸리오네(Baldassare Castiglione)의 『궁정인Il Cortigiano』(1528)이 말하는 요조숙녀 교육을 받았기 때문이다. 그 책에 의하면 궁정 여인은 문학과 음악과 미술에 대한 교양, 신중한 겸손과 호감과 질서, 우아함과 적절함과 재치 등을 갖추어야 한다. 1550년 로마에서 그녀는 자기 재능을 즉시 알아본 미켈란젤로 부오나로티와 조르주 바사리를 만났다. 따라서 미켈란젤로에게 지도받았을 가능성이 전혀 없다고는 할 수 없지만 확인된 사실은 아니다.

그녀는 40세가 다 되어 첫 결혼을 하고 다시 재혼했지만 93세로 죽을 때까지 화가로서의 활동을 중단하지 않았다. 그러나 불행히도 그녀의 그림은 대부분 화재로 소실되어 지금 남아 있는 것은 극소수에 불과하다. 1970년대에 와서 페미니스트들에 의해 재발견된 그녀를 '페미니스트'라고 볼 수는 없지만, 그럼에도 그녀는 라비니아 폰타나(Lavinia Fontana, 1552~1614)*나 아르테미시아 젠틸레시(Artemisia Gentileschi, 1593~ c. 1654/1656)** 같은 후대의 여성 화가들에게 영향

---

* 르네상스 시대의 이탈리아 화가. 최초의 여성 직업 화가로 평가된다. 볼로냐 상류층 인사들의 초상을 그려주면서 유명세를 얻었고, 남성과 여성 누드, 대형 종교화를 그렸다.
** 이탈리아의 바로크 화가. 카라바조 화풍의 영향을 받은 후대 화가들 가운데 가장 높은 성취를 이

을 주었다.

　그녀를 주인공으로 한 소설도 많이 쓰였다. 우리나라에는 르네상스 시대 회화 전문 복원가가 안귀솔라의 그림을 위조했다는 혐의로 체포되면서 작품의 진위를 둘러싼 진실게임을 다룬 베아테 뤼기어트의 『여자 그림 위조자』가 소개되었다.

룬 화가로 평가받는다.

라우라 바티페리의 초상화

〈라우라 바티페리의 초상화〉, 아뇰로 브론치노, c. 1560, 캔버스에 유채,
83×60cm, 베키오 궁전, 피렌체

    고개를 쳐들고 먼 곳을 바라보며 사색에 잠겨 있는 고고한 표
정의 여인은 뛰어난 시인이었던 라우라 바티페리(Laura Battiferri,
1523~1589)다. 그녀가 손에 든 책은 휴머니즘의 창시자로 알려
진 이탈리아 르네상스 시대의 시인 페트라르카(Francis Petrarch,
1304~1374)의 소네트 작품집이다. 그림에 보이는 책은 확대해서 살

피면 글자를 읽을 수 있을 정도다.

아뇰로 브론치노(Agnolo Bronzino, 1503~1572)는 두 소네트의 단어를 조심스럽게 그려 넣었다. 그녀를 일컬어 '다가갈 수 없고, 가질 수 없는 아름다움'을 가진, '인간성은 외향보다 더 파악하기 어려운' 여인이라고 한 것이다. 이 소네트들은 페트라르카의 유명한 작품집『칸초니에레Canzoniere』에는 나오지 않는다. 시집에서 라우라는 베아트리체와 달리 아름다운 육체를 지녔으되 사후는 '손바닥만 한 땅에 묻히는' '한 줌의 흙'이 된 여성으로 칭송되는데, 시인에게는 그녀의 눈과 가슴, 금발의 아름다움이 기쁨이자 곧 괴로움이었다. 시인은 그같은 심정의 기복을 자연 묘사, 고전 인용, 멋들어진 시어 등을 통하여 완벽한 시의 형태로 다듬었으며 마지막으로는 성모를 찬송한다.

바티페리는 16세기 피렌체의 시인이자 교양이 풍부한 지식인이었다. 부유한 집안에서 태어나 문학, 철학, 종교에 정통했다. 궁정 오르간 연주자인 비토리오 세레니(Vittorio Sereni)와 4년 만에 사별하고, 피렌체의 시뇨리아 광장에 있는 넵투누스 분수를 설계한 바르톨로메오 암만나티(Bartolomeo Ammannati, 1511~1592)와 재혼했으나 브론치노와 정신적 사랑을 나누는 관계였다.

브론치노는 그녀를 베아트리체 이상이라고 찬양했다. 브론치노가 대표하는 매너리즘은 르네상스 예술이 비례와 균형 및 이상적인 아름다움을 강조한 것과 다르다. 그는 르네상스 예술의 특성을 과장하여 비대칭이거나 부자연스럽게 우아한 구성을 만들었다. 즉 늘어진 형태, 과장되거나 균형에서 벗어난 포즈, 조작된 비합리적 공간, 부자연스러운 조명 등등의 특징과 함께 인공미를 중시했다. 화려한 스타일과 지적 세련미를 강조하는 매너리즘의 특징을 위 초상화에서도 볼 수 있다. 관습적이지 않은 머리의 위치는 동전에 새겨진 옆모습 같다. 특히 매부리코가 강조되었는데, 이는 보티첼리가 그린 단테의 유명한 실루엣을 연상시킨다. 마치 단테에 버금가는 여성 시인인 것처럼 브론치노는 자신의 연인을 묘사한 것이다.

사서

〈사서〉, 주세페 아르침볼도, c. 1566, 유화/캔버스, 97×71cm,
스코클로스터스성, 스웨덴

  주세페 아르침볼도(Giuseppe Arcimboldo, 1527~1593)가 그린 〈사
서〉의 주인공은 신성로마제국 황실의 사서이자 페르디난트 1세 황제
의 공식 역사가인 볼프강 라지우스(Wolfgang Lazius, 1514~1565)라고
여겨진다. 이 그림은 또한 16세기에는 책들을 세로로 눕혀 보관했다
는 사실을 보여준다. 더불어 당시의 책들은 가죽 장정을 하거나 금박

을 입힌 고가품이었다는 것, 따라서 매우 소중하게 다루어졌다는 점도 짐작하게 해준다.

라지우스는 책을 보관하는 데 신경을 많이 쓰는 고가 도서의 수집가로 그려져 있으나 그가 들고 있는 금박이나 가죽 장정의 책에는 읽은 흔적이 거의 없다. 페이지가 열린 것은 머리 위에 있는 책뿐이다. 하지만 이 역시 눈에서 보이지 않는 자리에 있다. 이러한 묘사로 우리는 라지우스가 책을 사랑하긴 하되 읽지는 않는 사람임을 알 수 있다. 일종의 풍자화인 셈이다. 이는 앞에서 본 뒤러나 보스의 작품을 방불케 한다.

아르침볼도는 16세기 이탈리아 북부의 밀라노에서 성당 화가의 아들로 태어났다. 어린 시절부터 그림에 재능을 보여 인근의 성당 벽화와 천장화 등을 그렸고, 35세에 신성로마제국의 궁정화가가 되어 많은 작품을 그렸지만 정작 남아 있는 작품은 20여 점에 불과하다.

이 그림에 대해 어떤 미술평론가는 "사서는 책을 제 몸처럼 아끼고 사랑한다. 자신을 끌어안듯 그윽한 손길로 책을 보듬고 있다."라고 했고, 그가 쓴 안경에 대해서는 "내향의 시선을 암시"한다고 하면서 긴 글을 썼는데, 이 그림은 그런 책사랑이나 내면의 이야기가 아니다. 금박과 가죽으로 장정한 고가의 책을 수집만 할 뿐 책을 읽지는 않는 16세기의 부자들과 그들을 위해 봉사하는 사서를 풍자한 것이다. 안경으로 보이는 것은 고급 서적을 보관하는 화려한 책 상자의 열쇠이고, 수염은 책 상자나 고급 책에 묻은 먼지를 털어내는 총채일 따름이다.

이와 유사한 그림으로 〈법률가〉가 있다. 생선 대가리로 그린 입, 목을 제거한 개구리로 그린 코와 미간, 통닭으로 그린 옆얼굴, 법률 문서와 법률서로 그린 몸으로 법학자를 구성한 것이다. 모델로는 막시밀리안 2세가 중용한 법관 울리히 자시우스(Ulrich Zasius, 1461~1535)가 거론된다. 그 그림의 제목을 흔히 '법학자'로 번역하는데, 원제인 'L'Avvocato'는 법률가나 변호사를 뜻한다. 혹자는 이 그림을 스위스의 종교개혁가 장 칼뱅(John Calvin, 1509~1564)의 초상화로 여기기도 한다.

아르침볼도의 그림은 20세기 들어 초현실주의 화가들에 의해 재조명되었다. 살바도르 달리, 르네 마그리트, 막스 에른스트와 같은 초현실주의 화가들은 물론 파블로 피카소 등도 아르침볼도의 그림에서 많은 영감을 받았다. 그를 '초현실주의의 할아버지'라고 부르는 사람들도 있다.

제3장

바로크

책 행상인

〈책 행상인〉, 작가 불명, 17세기, 유채/캔버스, 72×85cm,
루브르박물관, 파리

이 흥미로운 그림을 그린 이는 아쉽게도 명시되어 있지 않다. 예술
적 가치가 높지 않아 그런가 보다, 라고 생각할 수도 있지만, 이 작품
은 사실 여기서 소개하는 그 어떤 그림보다도 역사적인 의미가 크다.
왜냐하면 책 행상인이야말로 독서를 통한 서민들, 특히 점증하는 노
동계급의 자각에 크게 이바지했기 때문이다.

책 행상인들은 종교개혁의 진전에도 이바지한 바가 크다. 종교개혁이 진행되는 동안 논쟁의 여지가 있는 소책자와 서적을 배포하면서 책 행상인이라는 직업이 유럽에서 일반화되었기 때문이다. 논란의 여지가 있는 작품들 외에도 책 행상인들은 글을 읽을 줄은 알지만, 도시의 서점에는 거의 접근하기 어려운 농촌 사람들에게 당시 인기 있는 작품의 값싼 판본을 널리 퍼뜨렸다. 대부분은 삼류소설이었지만 그중에는 농촌 사람들에게 꼭 필요한 연감이나 사람들을 계몽시키는 저술도 포함되었다.

삼류소설의 선두 주자는 프랑스에서 17세기 중엽부터 유행한 파란색 표지의 '청색 문고'였다. 이것을 시작으로 유럽 전역에 삼류소설들이 판을 치게 된다. 내용은 대부분 황당무계했다. 청교도혁명이나 30년 전쟁처럼 당시의 급변하는 사회현실을 반영하기는커녕 중세의 기사 이야기 같은 철 지난 것들을 소환하여 사람들에게 숙명과 순응 분위기를 조장했다. 그러다가 18세기에 들어서면서 유토피아적인 내용이 많아졌고, 이를 통해 점차 대중에게 현실에 대한 비판 의식이나 저항 의식을 일깨우게 된다. 예를 들어 볼테르(Voltaire, 1694~1778)의 『캉디드』나 사드 후작(Marquis de Sade, 1740~1814)의 『자메왕의 섬』 『알린과 발쿠르』 등은 이 같은 역할을 했던 유토피아 소설의 대표작들이다. 18세기가 되면서 독서가 왕족이나 귀족, 성직자나 부르주아의 독점에서 벗어나 민중의 생활을 이끄는 중요한 부분이 된 것이다.

특히 『연감Almanach』 출판을 눈여겨볼 만하다. 당시 1년 동안의 장기적인 날씨 예보를 통해 민중의 농사나 종교행사에 필요한 여러 가지 정보를 값싸게 제공했기 때문이다. 내용 대부분이 글자가 아닌 그림으로 되어 있었기에 문자해독력이 없는 어린이, 배움을 금지당했던 여성이나 서민들에게 유용했다. 게다가 18세기 이후로는 이런 연감이 새로운 과학기술, 신세계에 대한 정보, 인체와 동식물의 해부를 비롯한 중요한 시사 정보까지 제공했다. 덕분에 민중의 계몽에 큰 영향을 미쳤고, 18세기 말 프랑스대혁명을 비롯한 여러 가지 사회변화를 초래하기에 이른다. 그림 중심의 책 출판은 이미지 인쇄물의 발전을 낳기도 했다.

이러한 변화의 흐름에 한몫을 한 또 다른 예가 있다. 농촌지역에서는 농한기에 야회(la veillée)를 열곤 했는데, 여기서 이루어졌던 책 낭독이 바로 그것이다. 시간이 흐르면서 책 행상인 중에 서점과 출판사를 경영하는 사람들도 나타났다. 가령 1836년에 설립된 칼망-레비(Calmann-Lévy) 출판사를 보자. 이곳은 유대인 책 행상인이었던 시몽 레비(Simon Lévy)의 아들 둘이 세운 것으로 19세기 프랑스의 유명 문학작품을 대부분 출판했다. 모파상(Guy de Maupassant, 1850~1893)은 이런 현실에서 자극받아 「책 행상인」(1893)이라는 단편을 남겼다.

한편 도시 민중들은 여전히 책을 완전히 소유하기가 힘들었다. 그러나 공공도서관, 책 대여소, 독서방* 등을 이용하여 다양한 책을 읽을 수 있었고, 전단지나 소식지를 통해 자연재해나 중요 시사 정보에 다가설 수 있었다. 공공도서관은 기원전 2600년경 고대 수메르에서부터 시작되었지만, 최초의 근대적인 공공도서관은 17세기 이후 나타났다. 이는 근대적 자유 시민의 탄생과도 관련된다.

---

* 적은 비용으로 신문과 책을 읽을 수 있는 시설.

도서관에 있는 법학박사 프란체스코 리게티의 초상

〈도서관에 있는 법학박사 프란체스코 리게티의 초상〉, 게르치노, c.
1626~1628, 캔버스에 유채, 83×67cm, 개인소장

도미에의 풍자화에 나오는 일그러진 법률가 외에 미술사에서 법
률가의 초상을 그린 작품은 드물다. 그중 하나인 이 그림은 변호사이
자 작가이며 시의원과 주지사를 지낸 프란체스코 리게티(Francesco
Righetti, 1595~1673)와 그가 가진 법률 서적을 그린 희귀한 그림이다.
이 초상화는 동명이인 조각가의 초상으로 인터넷에 잘못 올라오는

경우가 있으니 주의해야 한다.

이 그림을 그릴 때 리게티는 서른 살 정도였는데, 지금 우리 눈에는 그보다 나이가 훨씬 더 많은 것처럼 보인다. 화가가 살집이 두둑한 얼굴이나 카이사르 수염을 풍자의 의도로 그린 것은 아니지만, 지금 나에게는 그렇게 느껴지기도 한다.

그가 들고 있는 책은 이탈리아 르네상스 시대의 법학자인 줄리우스 클라루스(Giulius Clarus, 1525~1575)의 『형사실무Practica Criminalis』(c. 1576)이다. 책꽂이에는 다양한 법률 관련 서적이 눕혀져 있는데, 그 제목들이 책 머리에 쓰여 있다. 당시의 책 모양으로 보기에도 이상하고 지금도 역시 낯설게 보인다. 『형사실무』는 유럽의 공통 형법에 대한 이론적 기초를 제공했으나 안젤름 폰 포이어바흐(Paul Johann Anselm Ritter von Feuerbach, 1775~1833)와 같은 계몽주의 법학자들의 비판을 받았다. 19세기에 이르러 "보복을 금지하고 고문을 폐지하며, 법률에 규정되지 않은 범죄는 처벌도 없다."라고 하는 죄형법정주의의 내용을 포함하는 형법으로 대체되었다.

책꽂이에 있는 책 중에는 법률실무에 기본이 되는 법전(Codex Justinianeus)이나 중세 가톨릭 교회법의 원천인 『그레고리오 9세의 교령Decretales of Gregorii IX』(1234)과 같은 기본 텍스트가 포함되어 있다. 당시의 법률가들처럼 리게티는 코뮌법*의 전통에 따라 법률 업무를 수행했다. 이처럼 거대한 부피의 법률책들을 묘사한 것은 변호사의 권위를 점증시키는 효과를 준다.

---

* 11세기와 12세기에 볼로냐 대학교에서 개발된 교회법과 로마법을 결합한 것.

게르치노(Guercino)*라는 이름으로 더욱 잘 알려진 이탈리아 바로크 화가인 조반니 프란체스코 바르비에리(Giovanni Francesco Barbieri, 1591~1666)는 화폭에 광채를 선명하게 표현하고 생동감 넘치는 스타일로 역사화를 그린 것으로 유명하다.

* '눈을 가늘게 뜨고 있는 자'라는 뜻이다.

환전상(탐욕의 우화)

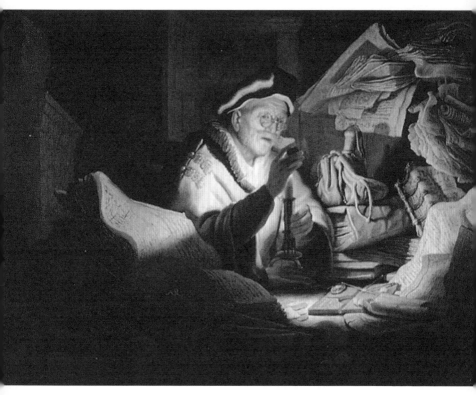

〈환전상〉(탐욕의 우화), 렘브란트 판 레인, 1627, 유화/판, 31.9×42.5cm,
베를린 국립 미술관 회화관

    화려한 장식이 달린 값비싼 옷을 입은 노인이 장부와 종이, 책들과
돈가방 등에 둘러싸인 채 촛불에 비춰 금화를 검사하고 있다. 그 주
위의 장부 묶음들은 회계 자료들이지 책이 아니다. 이러한 종류의 장
부는 16세기 이후 환전상이나 세리를 묘사한 그림에 자주 등장한다.
이 자료들은 딱딱한 표지로 장정한 책과 달리 글이 적힌 양피지를 가

죽으로 두른 모양새인데, 뒤에서 보게 되는 〈책이 있는 정물〉에도 같은 종류의 이미지들이 등장한다.

어지러운 방 분위기로 보아 노인은 돈밖에는 관심이 없는 것 같다. 렘브란트(Rembrandt Harmenszoon van Rijn, 1606~1669)는 이러한 특성을 특히 책상 위에 놓인 금화에 빛을 집중적으로 떨어뜨려 강조하고 있다.

렘브란트는 바로크 시대의 네덜란드 화가로 "빛의 화가"라고도 불린다. 유럽 미술사에서 가장 위대한 화가이자 판화가 중 한 사람으로 여겨지며 특히 네덜란드의 역사에서 가장 중요한 화가이기도 하다. 그가 살았던 17세기 네덜란드는 그 나라 역사에서 '황금시대'라고 불릴 정도로 부유했다. 그가 태어나기 4년 전인 1602년 세계 최초의 주식회사인 네덜란드 동인도회사가 설립되었고, 1609년에는 암스테르담에 세계 최초의 증권 거래소가 설립되어 아메리카, 아프리카, 인도, 중국 등과의 상품 무역을 지배했으며, 남아프리카와 동남아시아 각지에 식민지를 건설하고 북미에도 식민도시들을 세웠다.

이와 함께 문화도 발전하는데 그 대표적인 사람이 바로 렘브란트였다. 그 뒤를 이은 사람으로 페르메이르(Johannes Vermeer, 1632~1675),* 할스(Frans Hals, 1582~1666)** 등이 있다.

이 그림은 돈이 주인이 되어가는 시대에 '돈은 많지만 어리석은 자'라는 예수의 우화를 설명하기 위한 것이다. 「루가 복음」 12장에서 예수는 "탐욕에 주의하라, 재산이 많다고 해도 생명은 재산으로 어떻

---

* 바로크 시대에 활동했던 네덜란드 출신 화가

** 네덜란드의 화가로 초상화에 뛰어난 재능을 보였으며, 대담한 즉흥성과 경쾌한 붓 터치로 순간의 표정을 화폭에 담아 살아 있는 듯 생생한 인물 묘사로 유명하다.

게도 할 수 없다."라고 말한다. 여기서 나아가 렘브란트는 끝없이 어지러운 장부로 신보다 돈을 섬기는 노인을 통해 도덕의 파괴를 나타내고자 했다. 이 그림에 대해 어떤 이는 "환전상은 곧 렘브란트 자신이다."라고 해석하기도 한다. 렘브란트는 그림을 그리기 전에 미리 돈을 받고 나중에 그림으로 상환하겠다는 차용증을 발행했을 정도로 돈에 관심이 많았다는 점을 이유로 들어서다.

렘브란트가 돈 문제에 관심이 많았던 것은 그의 만년에 20여 차례의 법적 갈등과 분쟁을 겪으면서 파란만장한 법적 및 재정적 고통을 당한 것과 관련된다. 사실 그는 완고하고 자신감이 넘치고 고집이 세지만, 경제적으로는 무능한 사람이었다. 이 같은 렘브란트 개인의 배경은 17세기 후반 네덜란드가 영국 및 프랑스와의 무역 경쟁에서 뒤처져 쇠퇴하는 시기와 맞물린다.

여하튼 이 그림을 그릴 때 렘브란트는 25세였고, 그 한 해 전에 그가 '성서에 나오는 환전상 추방 이야기'를 그렸다는 점을 고려해보면 렘브란트가 돈을 좋아하는 자기 자신을 그렸다거나 돈을 찬양했던 사람이라고 보기는 힘들다. 「마태오 복음」(21장 12~13절), 「마르코 복음」(11장 15~17절), 「루가 복음」(19장 45~48절), 「요한 복음」(2장 13~22절)의 내용을 묘사한 추방당하는 환전상 그림을 보자. 분노한 그리스도가 채찍을 들고 환전상들을 내리치려고 하는데, 환전상들은 이에 아랑곳없이 돈을 한 푼이라도 더 챙기려고 안간힘을 쓰고 있다. 돈의 유혹에 빠진 사람이 과연 이런 그림을 그릴 수 있었을까? 그러니 경건한 기독교도였던 렘브란트더러 "돈을 밝혔다."고 하는 것은 터무니없는 이야기다.

렘브란트는 종교화를 그릴 때도 무작정 신을 숭배하는 것이 아니라 평범하고 소외된 사람들의 삶을 주된 모티프로 삼아 그렸다. 그런 점에서 그는 반항아였다.

책을 읽는 노파

〈책을 읽는 노파〉, 렘브란트 판 레인, 1631, 유채/판, 60×48cm,
암스테르담 국립박물관

이 그림의 주인공은 제목과 달리 책을 읽는 노파가 아니라 책과 오른손인 것 같다. 노파의 뒤에서 비추는 등불 덕에 금실로 꿰맨 동양적인 머리 장식과 빨간 벨벳 망토에 빛이 닿아 있고, 이는 성서와 그녀의 오른손을 직접 비추며 히브리어 성서의 글자를 가리킨다.

렘브란트는 얇고 주름진 피부와 선명하게 드러난 정맥이 있는 노부인의 손을 세심하게 그렸다. 너무나 따뜻하게 보여서 어루만지고 싶을 정도다. 화가도 자기 어머니의 손을 어루만지며 그렸을지도 모른다.

반면 노파의 주위는 어두우며 세부 사항은 거의 보이지 않는다. 거의 모든 빛이 손에 집중되어 있고, 그 빛에 반사된 얼굴은 그림자에 가려 잘 보이지 않는다. 입과 눈과 뺨은 움푹 들어간 듯하다.

노파는 매우 사려 깊은 태도로 주의를 기울여 성서를 읽고 있다. 그러나 책은 너무 무겁게 보인다. 전체적으로 이 노부인의 모습은 우주에 떠있는 것 같기도 하고, 책 밑에 무엇인가 받쳐주는 장치가 있는 것 같기도 하다. 하지만 그게 무엇인지는 불분명하다.

이 그림은 〈예언자 안나〉 또는 〈렘브란트의 어머니〉로도 알려졌다. 〈환전상〉이 렘브란트의 아버지를 모델로 한 그림이라면 이 그림은 어머니를 그린 것이다. 그렇다고 해서 그의 아버지가 환전상으로 비난을 받았다거나 어머니가 독서인으로 찬양된 것은 아니다. 어디까지나 그림의 모델로 그려졌을 뿐이다. 이 그림을 그렸을 때 화가의 어머니는 60세였다.

남녀 노년층의 사려 깊은 묘사는 렘브란트 작품, 특히 라이덴 시대의 작품에서 눈에 띄는 특징이다. 특히 그의 어머니는 여러 번 그려졌는데, 독서 중인 모습으로도 여러 번 그려졌다. 심지어 당시 그의 동료 화가들인 게리트 두(Gerrit Dou)나 얀 리벤스(Jan Lievens)의 작품에도 등장한다. 그 작품들에 나오는 어머니의 모습은 렘브란트가 스튜디오 옷장에 모아둔 하나 이상의 이국적인 의상을 입고 있는 경우가 많다.

성서를 읽고 있는 노부인이 '여선지자 안나'라는 의견도 있다. 렘브란트가 그린 〈예언자 안나〉라는 제목의 그림에도 그녀가 등장하기 때문이다. 「루가 복음」(2장 36~38절)에 의하면 그녀는 요셉과 마리아가 아들 예수를 성전에 데려왔을 때 그 자리에 있었고, 그 즉시 예수가 오랫동안 기다려 온 메시아임을 알아보았다. 당시 84세였던 그녀는 금식과 기도를 통해 하느님을 섬긴 과부였다. 그런데 그녀는 기원전 722년에 아시리아인들에게 멸망한 북쪽 이스라엘 왕국의 일부인 아셰르(Asher) 지파 바누엘의 딸이었다. 이런 배경 탓에 여러 세기 뒤까지 수십 마일 떨어진 도시에서 신앙을 온전하게 유지한 특이한 여선지자로 여겨지기도 한다.

그녀는 결혼한 지 7년 만에 과부가 되었고 자식도 없이 평생 성전을 떠나지 않고 밤낮으로 금식과 기도로 예배했다. 어린 예수를 만난 뒤로는 예루살렘의 해방을 고대하고 있는 모든 사람에게 예수에 관해 이야기했다. 그녀는 후회하는 마음으로 뒤를 돌아보는 사람이 아니었다. 오히려 희망을 품고 앞을 바라보았다. 그림에서 노부인이 읽고 있는 성서 부분도 「루가 복음」의 그 내용일까? 화가도 그런 마음으로 이 그림을 그렸을까?

이단 심문에 직면한 갈릴레오

〈이단 심문에 직면한 갈릴레오〉, 크리스티아노 반티, 1847, 유채/캔버스,
크기 불명, 개인소장

1633년 4월 12일, 이탈리아 과학자 갈릴레오 갈릴레이(Galileo Galilei, 1564~1642)가 로마 교황청의 이단 심문에서 소신인 지동설을 접고 목숨을 구한 뒤 "그래도 지구는 돈다."라고 혼잣말을 했다는 이야기는 유명하다.

19세기 이탈리아의 화가 크리스티아노 반티(Cristiano Banti,

1824~1904)가 그린 이 그림은 재판 후 200년 이상 지난 뒤인 1847년 작품으로 어느 정도 사실에 입각한 것인지는 알 수 없다. 훨씬 더 많은 사람이 등장하는 그림도 있다.

1630년 로마에서 갈릴레오는 코페르니쿠스가 주장한 태양 중심설을 옹호하는 내용의 원고를 작성한 뒤 검열 가능성을 타진했고, 2년 뒤 피렌체에서 『두 가지 주요 세계관에 관한 대화Dialogo sopra i due massimi sistemi del mondo』를 출간했다. 이후 그는 유죄 판결을 받았는데, 스스로 1616년 종교재판에서 코페르니쿠스를 옹호하지 않겠다고 서약했던 바를 어겼다는 점을 인정하고 『대화』에서 견지한 '태양 중심설'을 철회한다는 문서에 서명했다. 갈릴레오는 처형이나 투옥 대신 가택 연금 조치를 당했고, 9년 뒤 숨을 거둘 때까지 공적인 삶을 박탈당했다. 그의 사후 350년 만인 1992년, 교황 요한 바오로 2세는 갈릴레이 재판의 잘못을 시인하고 그에게 사과했다.

앞에서 본 12세기 프랑스에서 벌어진 카타리파에 대한 박해로 시작된 서양의 이단 심문 중 가장 유명한 것은 17세기에 벌어진 갈릴레오 갈릴레이의 저작에 관한 사안, 이른바 '갈릴레이 재판'이다.

이단 심문(異端審問, Inquisitio)은 중세 이후 로마 교황청에서 정통 기독교 신학에 반하는 가르침(이단)을 전파하는 혐의를 받은 사람을 재판하기 위해 설치한 제도로 종교재판이라고도 한다. 이단 심문을 실시하는 시설은 '이단 심문소', 이단 심문을 실행에 옮기는 사람은 '이단 심문관'이라고 부른다.

중세의 이단 심문에 비해 더욱 가혹하게 실시된 것이 근대 스페인의 이단 심문이었다. 갈릴레이가 지동설을 주장했다가 종교재판에 회부된 것도 스페인 종교재판소가 로마에 의뢰해서 열린 것이었다.

로마 이단 심문소는 1542년에 재조직되어 종래와 같이 교황에 의해 소수의 이단 심문관이 임명되는 형식을 중지하고, 프로테스탄트를 탄압하기 위한 조직으로서 가톨릭에 대한 비판적인 서적의 출판까지 감독하는 임무를 부여받았다.

교황의 칙령에 따라 모든 출판물은 종교심문소의 사전 허락을 받아야 했고, 1559년 트리엔트 공의회의 권고에 따라 첫 번째 금서목록과 삭제할 도서 목록이 작성되었다. 로마의 이단 심문소는 훗날 검사성부(檢邪聖部)로 개칭되어 교황청의 정부 부처로서 기능하게 되었다. 검사성부가 취급한 사안 가운데 가장 유명한 것이 갈릴레이의 저작에 관한 것이다. 금서목록은 20세기 들어서야 폐지되었지만, 검사성부 자체는 신앙 교리의 성격을 띤 채 오늘날까지 존속되고 있다.

책이 있는 정물

〈책이 있는 정물〉, 얀 다비드 데 헴, 1628, 유화/판, 31.2×40.2cm, 프리츠
루프트 콜렉션, 쿠스트디아재단, 파리

17세기 네덜란드는 '황금시대' 혹은 '네덜란드의 기적'으로 불렸
다. 그러나 21세기에 와서는 더 이상 그런 용어를 사용하지 않는다.
그 시대의 식민지 침략과 노예무역 등을 반성하게 되었기 때문이다.
한 예로, 17세기부터 19세기까지 대서양과 인도양 노예무역의 일환
으로 네덜란드 노예 상인의 노예가 된 사람들이 약 170만 명에 이르

렀다는 연구 결과가 발표되기도 했다. 그래서 가령 암스테르담 박물관에서 열린 2019년 전시회에서 박물관은 황금시대라는 문구의 사용을 중단한다고 발표하면서 '황금시대'란 승자의 말이며, 식민지 침략과 노예 제도를 숨길 뿐만 아니라 빈곤을 은폐한다고 주장했다. 모든 사람이 황금시대에 참여한 것이 아니었을뿐더러 백성 중 상당수는 심지어 빈곤에 시달렸다는 것이다.

여하튼 당시 네덜란드는 유럽에서 가장 선진 지역으로서 어떤 나라보다 읽고 쓸 수 있는 시민들이 많았고, 따라서 그 어느 곳에서보다 많은 책이 출판되었다. 농촌지역 사람들은 물론이고 여성들도 상당수가 독서 인구에 속했다. '책의 도시'로 불린 라이덴시에는 16세기경 라이덴 대학교가 설립되어 네덜란드만이 아니라 유럽 학문의 중심지가 되었고, 17세기에는 그곳에 대규모 도서관이 세워졌다. 라이덴 출신인 렘브란트는 물론 데카르트, 그로티우스, 스피노자 같은 지식인들도 당대 활동했다.

당시 네덜란드의 경제발전은 막스 베버가 말하듯이 검소와 교육을 장려하는 칼뱅주의에 기반을 둔 프로테스탄트 노동윤리에 기인했다. 그러나 책이나 독서가 무조건 찬양된 것만은 아니다. 도리어 책이 초래하는 부정적인 영향에 대한 우려도 컸고, 책이 상징하는 지식 자체에 대한 허무감마저도 생겨났다. 이런 분위기는 인류의 전적인 타락을 강조하고 엄격한 도덕률을 발전시킨 칼뱅주의의 중심지인 네덜란드 연합 지방의 라이덴을 중심으로 이루어졌다.

바니타스 화가로 유명한 정물화가 얀 다비드 데 헴(Jan Davidsz. de Heem, 1606~1684)은 책도 인간과 마찬가지로 늙어서 사라진다고 보았다. 그래서 종이가 빛에 바래어 흩어지는 책을 그림으로써 지식과 학문의 무상함을 표현했다. 그림 중앙의 책은 네덜란드의 시인이자 극작가인 헤르브란트 브레데로(Gerbrand Bredero, 1585~1618)가 1611년 무렵에 출간한 희곡 『로드릭과 알폰수스Rodd'rick ende Alfons』(1611 초연)이다. 네덜란드 황금시대에는 연극이 오락의 중요한 원천이었고, 당시 가장 유명한 네덜란드 극작가가 바로 브레데로였다. 두 젊은 귀족이 함께 성장하며 끈끈한 우정을 쌓아왔는데, 하필 두 사람 모두 같은 소녀와 사랑에 빠진다. 이것은 브레데로의 두 가지 잘 알려진 주제, 즉 열정의 기만적인 효과와 삶의 변화 가능성에 관한 이야기이자 운명을 주제로 삼아 속세의 지식을 비롯한 모든 것이 궁극적으로 무상하다고 주장한 작품이다.

바니타스 그림을 보면서 황금시대에 대한 재평가를 다시 생각하게 된다. 이러한 재평가에 반발하는 정치가들이나 우익 세력은 지금의 네덜란드는 물론 식민지 침략에 앞장선 영국과 프랑스를 비롯하여 유럽 전역에 존재한다.

〈책과 함께 있는 광대〉(돈 디에고 데 아세도 '엘 프리모' 초상화), 디에고
벨라스케스, c. 1644, 캔버스에 유채, 107×82cm, 프라도미술관, 마드리드

그림의 광대는 이른바 '난쟁이'다. '난쟁이'라는 말이 썩 기분이 좋
은 표현은 아니지만 달리 부를 말이 없어 편의상 쓰기로 한다. 돈 디
에고 데 아세도(Don Diego de Acedo)는 스페인의 펠리페 4세의 왕실
광대로 그의 통칭인 '엘 프리모'는 '종형제'라는 뜻이다. 이 그림은
왕이 아라곤 원정에 나섰을 때 벨라스케스가 그린 두 점의 초상화 중

하나다. 다른 하나는 완전하게 중무장한 왕이었다. 화가는 왕과 광대의 그림을 함께 그린 것이다. 이는 왕실 화가로서는 보기 드문 사례다. 벨라스케스가 초기부터 가난한 서민들을 즐겨 그렸다는 점을 떠올리면 더욱더 그러하다.

당시 유럽의 궁전에는 재주를 부리고 분위기를 띄우는 '난쟁이 광대'들이 꼭 있었지만, 다른 궁정화가가 벨라스케스와 같은 광대를 그린 경우는 거의 없다. 그림 속 주인공은 검은 옷을 입은 전통적인 신사의 모습으로 책을 읽고 있다. 광대가 아니라 지성과 박식을 자랑하는 지식인의 모습이다. 모델의 눈, 높은 이마, 태도는 그의 지적인 느낌을 전달한다. 무릎 위의 큰 책과 발아래 작은 책들, 잉크병과 펜 그리고 편지지 같은 종이, 검은 모자와 검은 옷이 그렇게 보이게 한다. 실제로도 그는 왕의 특사 자격으로 일하거나 왕가의 인장 관리자로 일했다. 그는 1635년부터 1660년까지 궁정에 있었다고 한다.

난쟁이는 자유를 추구했다. 그 몸에 대한 타인의 시선으로부터 평생 자유롭고 싶었을 것이다. 그가 읽고 있는 책은 누구의 책일까? 혹시 세르반테스(Miguel de Cervantes, 1547~1616)의 『돈키호테Don Quijote de la Mancha』가 아닐까? 그 소설의 1편이 1605년, 2편이 1615년에 발표되었고, 1편은 당시로서는 초베스트셀러인 3만 부가 팔렸으니, 궁중의 광대도 충분히 읽을 수 있지 않았을까? 게다가 고통을 견디고 불가능한 꿈을 꾸는 것이라는 소설의 주제가 누구보다 난쟁이 광대에게 호소력이 크지 않았을까?

세계 최초의 근대 소설이자 스페인의 국민 문학이며 세계에서 가장 영향력 있는 작품인 『돈키호테』는 '나의 삶은 나의 것'이라는 메시지를 준다. 내가 남과 달리 육체는 망가져 있어도 정신은 정상적인 인간들보다 더 훌륭하다고 자부하는 삶, 어떤 역경이나 조롱에도 좌절하지 않고 내가 살고 싶은 삶을 창조하는 자세다.

난쟁이에게는 태어날 때부터 아무런 희망이 없었을 터다. 살아갈 날들이 너무나 막막하게 여겨졌을 것이다. 내 잘못으로 몸이 망가진 것도 아닌데 세상이 나를 저주한다. 이것은 정의가 아니다. 나와 같은 불구의 몸도 자유롭고 평등한 인간으로 대접받기 위해서 싸우고, 그 목표를 이루기 위해서는 지옥에 가는 것도 두려워하지 않아야 한다. 그리고 그런 노력으로 세상은 더 좋아질 것이다. 아무리 조롱받고 상처 입어도, 한 사람이라도 끝까지 노력한다면 평범한 서민만이 아니라 난쟁이도 인간으로 대접받고 주인공이 될 수 있다. 그런 나라야말로 진정으로 민주주의를 이룩한 나라가 아닌가?

이 그림을 그린 벨라스케스(Diego Velázquez, 1599~1660)도 그런 정신을 가진 세르반테스의 후예였다. 17세기 스페인의 바로크 시대를 대표하는 화가로 사실적인 초상화로 유명한 그는 왕실 화가였으면서도 왕이나 성직자나 귀족을 하인이나 난쟁이와 마찬가지로 평등하게 그린 점에서 혁명적이었다. 후에 그는 19세기 인상주의와 사실주의를 비롯하여 현대 미술에 중요한 귀감이 되었다.

책 읽는 여인

〈책 읽는 여인〉, 피테르 얀센스 에링하, 1665~1670, 유화/캔버스,
75.5×63.5cm, 아르테 피나코테크, 뮌헨

　슈테판 볼만은 『책 읽는 여자는 위험하다』라는 책에서 이 그림
에 나온 여자가 하녀라고 말했다. 그런데 피터 얀센스 엘링가(Pieter
Janssens Elinga, 1623~1682)가 1668년에 그린 〈화가, 독서하는 여인,
하녀가 있는 인테리어〉를 보면 거의 똑같은 모습의 이 여자가 등장한

다.* 거기서는 화가랑 하녀와 같이 있다. 그러니 그녀를 화가의 아내이거나 딸로 보는 것이 옳을 듯하다.

여인이 입고 있는 밝은색의 옷, 아무렇게나 벗어던진 붉은색 신발도 하녀의 것이라고는 생각되지 않는다. 볼만은 또한 그녀가 읽고 있는 책이 당시 대단한 인기를 끌었던 기사 소설 『유명한 명마 바이아르트를 얻고, 놀랍고도 진귀한 모험을 겪는 기사 말레기스의 아름다운 이야기』라고 했다. 이는 중세 영웅 서사시를 네덜란드 상황에 맞게 새로 쓴 소설로 세르반테스가 『돈키호테』를 통해 비판한 기사 소설이다.

볼만의 설명이 정확한 것인지 아닌지는 알 수 없지만, 나이를 짐작할 수 없는 여성이 반쯤 열린 창문에서 들어오는 빛에 의존해 열심히 책을 읽고 있다. 우리에게 등을 돌린 채 홀로 독서에 빠져 있다. 책 내용이 얼마나 흥미롭기에 신발 따위 벗어던진 것일까.

그렇게도 열심히 읽는 책은 분명히 성서가 아닐 터다. 17세기에 네덜란드에서 가장 유명한 문인은 네덜란드의 셰익스피어라고 불렸던 요스트 판 덴 폰델(Joost van den Vondel, 1587~1679)이다. 그가 쓴 대표적 비극이 『제프타Jephtha of Offerbelofte』(1659)인데 이 작품은 우울한 여성의 환각 경험을 다룬 것으로 『햄릿』에서도 거론되었다. 어쩌면 그림 속의 여성은 간밤에 그 연극을 보았을지도 모르고, 그래서 다시금 그 작품의 희곡을 읽고 있을지도 모른다.

17세기 네덜란드 화가인 에링하가 그린 이 그림은 독서를 친밀하

---

* https://upload.wikimedia.org/wikipedia/commons/5/55/1668_Elinga_Interieur_mit_lesender_ Dame_und_kehrender_Magd_anagoria.JPG

고 성찰적인 활동으로 묘사했다. 전통적인 성서가 아니라 일반적 책, 특히 소설을 읽는 여성의 이미지를 통해 성적 전복의 이미지를 드러냄과 동시에 남성에게는 놀라움의 계기를 제공한다. 서구의 가부장적 사회에서 여성의 독서 행위는 여성을 전통적인 복종의 역할에서 벗어나 문자 그대로 개인적인 즐거움이나 지식이나 자유를 추구하는 상징이 되기 때문이다.

이렇게 여성에게 독서는 자유를 추구하는 새로운 상징이었다. 그러나 아직은 17세기이고 여성의 독서는 제한적이기 때문에 그러한 자유의 추구로서의 독서가 공포나 위협의 상징으로까지 변모하지는 않았다. 그러한 변모는 프랑스혁명 이후 19세기에 와서 여성의 독서가 결혼 및 가족 구조를 위태롭게 한다는 우려가 제기되면서 본격적으로 전개된다. 그러나 에링하의 그림에서는 아직 여성이 책에 유혹받아 가사를 소홀히 할 것이라는 두려움까지 반영한 것으로는 보이지 않는다.

가톨릭 신앙에 대한 알레고리

〈가톨릭 신앙에 대한 알레고리〉, 요하네스 페르메이르, 1670~1672,
캔버스에 유채, 114.3×88.9cm, 메트로폴리탄미술관, 뉴욕

그림의 여인은 신앙을 의인화한 것이다. 그녀의 곁에 있는 책은 성
서이거나 미사 경본일 터다. 흰색(빛과 순수함을 의미함)과 파란색(천
국과 관련됨)으로 만든 드레스를 입은 여인은 흑백 대리석 바닥보다
한 단계 높은 단상에 앉아 오른발은 지구본 위에(믿음을 상징함), 오
른손은 심장 위에 얹고(가슴에 있는 믿음의 손은 미덕이 그녀의 마음에

있음을 상징함), 두 눈으로 천장에 파란색 리본으로 달아놓은 유리 구체를 올려다보고 있다. 그녀의 왼팔은 황금 성배, 큰 책, 어두운 나무 십자가가 놓여 있는 테이블 가장자리에 걸쳐져 있다. 십자가 뒤에는 금빛 가죽 판이 있다. 책 밑에는 성직자의 것으로 추정되는 긴 천 조각이 있다. 책 위에는 가시관이 놓여 있다. 여인의 발아래 단에는 녹색과 노란색으로 직조된 부분 카펫이 덮여 있다. 그림의 아래쪽, 보는 사람의 시선 가까이에 한 입 베어 문 듯한 사과가 있고, 왼쪽 아래 대각선 방향으로 초석에 짓눌린 뱀이 있다. 여인 뒤의 어두컴컴한 벽에는 그리스도의 십자가 처형을 그린 플랑드르 화가 요르단스(Jacob Jordaens)의 커다란 그림이 걸려 있다. 보는 사람의 왼쪽에는 끄트머리가 뒤로 당겨진 여러 가지 색의 태피스트리가 있는데, 그림을 보는 사람에게 가장 가깝게 느껴진다. 그 앞에 있는 파란색 천이 덮인 의자는 태피스트리 바로 아래와 뒤, 뱀과 초석 왼쪽에 있다. 초석은 그리스도를 상징하는 것으로 뱀을 짓밟았고, 사과(이브가 아담에게 준 열매)는 원죄를 상징한다.

그림 속 페르메이르의 도상학은 주로 퍼스(Dirck Pietersz. Pers)가 1644년에 네덜란드어로 번역한 체자레 리파(Cesare Ripa)의 『이코놀로지아Iconologia』*에서 따왔다. 리파는 여러 미덕 중 믿음이 가장 중요하다고 말했다. 그러나 페르메이르는 그의 도상학을 일부 수정하기도 했다.

---

* 그림을 정리한 책. 고대, 중세의 조형부터 동시대의 공방 관행에 이르기까지 화가와 조각가들이 사용하는 미술의 어휘들을 체계적으로 정리한 세계 최초의 도상 사전. 풍요 진리 야망 우정 질투 고뇌 자유 용기 음란 배신 공포 평화 믿음 등 모두 200개의 개념이 어떤 상징으로 표현되는지 삽화와 함께 보여준다.

요하네스 페르메이르는 17세기 네덜란드 바로크 시대의 화가로 19세기 이후 재발견되어 지금은 황금시대를 빛낸 화가 중 가장 유명하다. 그는 태어날 때부터 개신교도였으나 1753년 가톨릭 여성과 결혼하기 직전에 가톨릭으로 개종했다.

위 그림은 다수가 개신교도인 네덜란드에서 소수파인 가톨릭 신자들의 불안한 처지를 보여준다. 당시 네덜란드에서는 가톨릭의 공개적인 미사가 금지되었다. 화가가 살았던 델프트에는 가톨릭 비밀교회가 세 군데나 있었다. 페르메이르의 결혼식도 그중 한 곳에서 거행되었는데, 이 그림은 세 교회 중 하나가 의뢰한 것이다.

개신교가 신의 말씀과 성서 본문의 역할을 강조한 반면, 가톨릭은 명상의 길로 안내하고 종교적 메시지를 이해하는 데 도움이 되는 이미지의 힘을 믿었다. 가톨릭의 그러한 특성은 페르메이르의 종교화뿐 아니라 그의 풍속화에도 반영되어 엄숙하고 사색적인 분위기를 불어넣는다.

그런데 이 그림은 알레고리의 표현에 치중한 탓인지 영적인 상징으로 보기에는 여인의 모습이 너무나 세속적이다. 이동하기도 힘들 것 같고, 친밀감이 지나치게 강요되는 바람에 인위적이라는 느낌마저 든다. 이런 이유로 〈가톨릭 신앙에 대한 알레고리〉는 그의 그림 중에서는 실패작으로 평가되기도 한다.

피아제트와 도서관

〈피아제트와 도서관〉, 루카 카를레바리스, 1720, 유채/캔버스, 46×39cm,
에슈몰린 박물관, 옥스퍼드대학교

이 그림은 도서관을 그린 그림으로서는 거의 유일하기에 중요하다. 『예술가는 왜 책을 사랑하는가?』에서는 이 그림의 제목을 '베네치아: 소광장'이라고 했지만, 이 그림의 건물은 베네치아의 공공도서관이고 그림의 원래 제목도 '소광장과 도서관'이다. 베네치아의 중심인 산마르코 광장이 남동쪽으로 연장된 곳이 소광장 피아제타(la

Piazzetta)인데, 이곳에 있는 도서관은 총독 궁전 맞은편에 있다.

도서관의 이름은 과거에는 리브레리아 산소비니아나(Libreria Sansoviniana)였고, 지금은 국립 마르차나 도서관(Biblioteca nazionale Marciana)이다. 이곳은 이탈리아에서 가장 오래된 공공도서관으로 1468년에 설립되었으며, 세계에서 가장 중요한 고전 문헌 컬렉션을 보유하고 있다.

이 컬렉션을 시작한 사람은 도서관 설립자인 비잔틴 제국 출신의 베사리온(Bessarion, 1403~1472) 대추기경이다. 그는 1453년 콘스탄티노플이 함락된 후 고대 그리스 작가의 글과 비잔티움 문학을 보존하기 위해 그리스와 이탈리아 전역에서 희귀한 사본을 찾아 수집했다. 그뿐 아니라 고전 문헌을 라틴어로 번역하는 작업을 후원하였고, 이러한 원고들을 기증하여 오늘날 마르차나 도서관의 기초를 마련했다. 베네치아에서는 이미 그전부터 고대의 위대한 도서관을 모방하여 공공도서관을 설립하려는 시도가 있었으나, 1362년 공화국에 기증된 페트라르카의 개인 원고 컬렉션이 그의 사망 당시 분실되는 바람에 계획은 무산되었다.

도서관 설립 이전에는 대성당과 수도원의 도서관이 중세 이탈리아 전역에서 주요 연구 및 학습의 중심지였다. 그러나 15세기 초 르네상스 시대에는 인문주의를 강조하는 분위기 탓에 고전 지식을 습득하는 일이 중요해졌고, 이에 따라 왕실 도서관이 확산되었다. 그중 일부는 대중에게 개방되었다.

동로마제국의 총대주교가 베네치아를 선택한 이유는 무엇일까? 가장 그럴듯한 이유로는 베네치아 인구의 주류인 대규모 그리스 난민 공동체와 비잔틴 제국과의 역사적 유대 관계를 들 수 있다. 그다음으로는 도서관이 궁극적으로는 건축물을 통해 공화국을 영광스럽게 하고 지혜와 학습의 중심지로서 국제적 명성을 가능하게 해준다는 믿음을 들 수 있다.

16세기에 자코포 산소비노(Jacopo Sansovino, 1486~1570)가 세운 도서관 건물은 르네상스 건축가 안드레아 팔라디오(Andrea Palladio)에 의해 "고대부터 오늘날에 이르기까지 가장 부유하고 화려한 건물"로 평가되었다. 후대에도 19세기 독일의 르네상스 미술사학자 야코프 부르크하르트(Jacob Burckhardt)는 이 건물을 "가장 웅장하고 세속적인 이탈리아 건축물"이라고 칭했다.

현재 이 건축물은 본래부터 소장한 예술작품과 열람실 천장을 비롯해 수많은 걸작과 수십만 점의 사본을 보관하는 박물관으로 그 기능을 다하고 있다. 열람실에는 위대한 고대 철학자들의 모습을 상상하여 그린 초상화와 천장화 21점이 그대로 남아 있다.

도서관으로서의 역할도 만만치 않다. 16세기 이후에 나온 100만여 권의 고전과 인문학 도서, 그리고 베네치아 역사 관련 서적을 보관하고 있다. 특히 16세기 베네치아의 위대한 화가들의 작품을 많이 보유하고 있어서 베네치아 매너리즘에 대한 포괄적인 기념물이라는 의미가 크다. 1904년 이래로 도서관 사무실, 열람실 및 대부분의 소장품은 이전 베네치아 공화국의 조폐국이었던 인접한 자카(Zecca)에 보관 중이다.

루카 카를레바리스(Luca Carlevarijs 또는 Carlevaris, 1663~1730)는 주로 베니스에서 일하는 이탈리아 화가이자 조각가였다. 베니스의 도시 경관(vedute) 장르를 개척한 것으로도 유명하다.

골동품상 원숭이

〈골동품상 원숭이〉, 장-시메옹 샤르댕, c. 1726, 캔버스에 유채,
81×64.5cm, 루브르 박물관, 파리

원숭이를 의인화하여 인간의 활동을 풍자적으로 묘사한 그림이나
조각을 프랑스에서는 싱어리(Singerie)라는 새로운 개념으로 부른다.
이 용어는 프랑스어 '싱'(singe)에서 유래했는데, '싱'은 원숭이를 뜻
한다. 원숭이가 사람처럼 등장하는 그림은 18세기 초중반 프랑스에
서 인기가 매우 높았고, 서유럽의 주요 국가에 문화상품으로 수출되

기도 했다.

그러나 작품에서는 원숭이가 긍정적으로만 활용되지 않았다. 도리어 대체로 '부정적으로' 사용되었다. 이를테면 유명 상품을 모방한 짝퉁 패션, 혹은 학문과 예술 및 사회를 비판하는 데 사용되었다. 프랑스에서는 앙투안 바토(Antoine Watteau)와 니콜라 랑크레(Nicolas Lancret) 같은 예술가들이 이 양식을 발전시켰다. 여기서 소개하는 장-시메옹 샤르댕(Jean Siméon Chardin, 1699~1779)은 〈골동품상 원숭이〉(1726~1745)와 함께 〈화가 원숭이Le Singe peintre〉(1740)를 그렸다.

샤르댕은 골동품상이나 화가가 원숭이와 다를 바 없다고 비판한다. 자기 나름의 독창적인 기여가 없이 옛날 돈이나 책을 모으는 골동품상이나 남의 그림을 적당하게 베껴 그리는 화가가 원숭이와 뭐가 다르냐고 반문한 것이다. 원숭이에게 그림 그리는 법을 가르칠 수는 있지만, 원숭이에게 어떤 주제를 주고 그것이 어떻게 묘사되는지 비판적으로 생각한 다음 새로운 독창성으로 자기만의 세계를 그리도록 가르칠 수는 없다. 기술적 능력을 가르치는 것과 비판적 사고를 길러주는 것은 전혀 다른 차원이기 때문이다. 학문도 마찬가지다. 원숭이에게 옛날 책을 골동품상처럼 모으게 하고 베끼게 할 수는 있어도 그것을 비판하고 분석하여 그 토대 위에 새로운 학문을 정립하게 할 수는 없다.

독학으로 공부한 샤르댕은 18세기 프랑스 미술을 지배한 로코코와는 공통점이 거의 없이 자기 나름의 세계를 창조한 점에서 원숭이 화가가 아니었다. 역사의 한 장면을 그린 그림이 공공미술의 최고 분류로 여겨졌던 당시 샤르댕이 선택한 주제는 작은 크기의 정물화나 풍속화였다. 그는 시대의 유행과 관계없이 단순하면서도 아름다운 질감의 정물화를 선호했고, 건축물의 인테리어와 풍속화를 섬세하게 다루었다. 평범한 가정용품을 단순하고도 뚜렷하게, 감정적이지 않은 방식으로 묘사하는 그의 능력은 동시대는 물론 오늘날까지도 뛰어난 업적으로 인정받고 있다.

그가 그린 〈원숭이 화가〉는 당시 미술계를 지배한 프랑스 왕립 회화 및 조각 아카데미에 대한 비판과 예술 및 예술가의 사회적 타당성에 대한 의문을 제기한 것이었다. 그런 비판은 시대나 국가와 관계없이 유행을 따르는 모든 학문이나 예술에 해당하지 않을까? 이를테면 개발도상국에서 북미나 유럽의 유행을 대단한 가치가 있는 양 무조건 모방하는 풍조 같은 것 말이다. 그렇다고 하여 어떤 보편성도 없는 것을 한국적인 전통이니 하면서 확대 해석하여 따라 하는 것도 무가치한 원숭이의 모방일 따름이다. 모방으로부터의 자유를 추구하지 않으면 참된 학문도, 예술도 불가능하다.

카사노바의 초상

〈카사노바의 초상〉, 프란체스코 나리치, 1760, 크기 및 소재 불명

인터넷에 '작가, 시인, 소설가를 자칭한 범죄자, 사기꾼'이라고 나오는 카사노바(Giacomo Casanova, 1725~1798)가 왜 이 책에 등장할까? 그가 여자보다 책을 더 좋아했다는 어떤 책의 제목처럼, 정말 그래서인가? 하지만 여자보다 책을 더 좋아했다는 단순한 이유 때문이라면 이 책에 등장해야 할 남성은 그 말고도 수억 명쯤 더 될 것이다.

유럽의 모든 비밀경찰을 피해 끝없이 도망을 다녔던 그는 성직자, 바이올리니스트, 육군 장교, 도박꾼, 외교관, 스파이, 중개자, 해결사, 금융가, 복권 발기인, 프리메이슨, 신비주의자였고 이에 더해 다작의 작가이자 『일리아스』의 번역가였다. 당대의 저명한 교황, 황제, 정치인, 학자, 음악가들과 토론을 즐기던 사람이기도 했다.

카사노바는 속박에서 벗어난 자유로운 삶을 열망했다. 그의 저서 『나의 인생 이야기Histoire de ma vie』 서문에는 "나는 인생을 살아오면서 내가 행한 모든 일이 선한 일이든 악한 일이든 자유인으로서 나의 자유의지에 의해 살아왔음을 고백한다."라는 문장이 나온다. 이어서 "가치가 있든 없든 내 삶은 나의 주제이고, 내 주제는 내 삶이다."라는 대목도 있다. 카사노바는 항상 자신의 독립성을 유지하려고 노력했다. 여성이나 소유욕을 위해 독립성을 희생하지는 않았다.

카사노바는 여성들의 그림자에 생명을 불어넣었다는 이유로 페미니스트로 불리기도 한다. 그의 회상에 의하면 욕망은 늘 상호적이었고 관계는 늘 우호적으로 끝났다. 그는 여성을 혐오하거나 성적인 유희의 대상으로 삼기는커녕 항상 파트너의 개성을 소중히 여겼으며 진심으로 그들과 상호 즐거움을 공유하고 싶어 했다. 그러나 권력의 균형은 항상 불평등했고, 모든 관계는 단명했다. 그가 쓴 저서를 보아도 알 수 있듯이 카사노바는 사기, 소아성애, 심각한 신체적 상해, 강간 혐의로 감옥에 갇힐 뻔한 유혹자였다.

이 그림은 독일 화가 안톤 라파엘 멩스(Anton Raphael Mengs, 1728~1779)가 그린 것이라고도 하지만, 프란체스코 나리치(Francesco Narici, 1719~1783)가 그렸다는 것이 일반적이다.

〈울스턴크래프트의 초상〉, 존 오피, 1790~1791, 유채/캔버스,
테이트 브리턴

　존 오피(John Opie, 1761~1807)는 왕족 등 유명인을 많이 그린 영
국의 초상화가이다. 따라서 그가 이 그림을 그렸던 1790년 전후로 아
직 무명에 불과했던 여성운동가 울스턴크래프트(Mary Wollstonecraft,
1759~1797)를 그린 것은 매우 특이한 일이었다. 오피는 1797년에도
그녀의 초상을 그렸다. 그 두 개의 초상화가 지금 우리가 볼 수 있는

울스턴크래프트의 초상화 전부이다. 앞의 그림은 울스턴크래프트가 죽기 7년 전에 그린 것이고, 다른 하나는 울스턴크래프트가 죽고 난 뒤 그린 것인데, 후자는 이 그림을 기초로 상상력을 발휘하여 그린 것*이지만, 실제로는 그 그림이 더 유명하다.

   울스턴크래프트는 불우한 가정에서 자라 교육을 제대로 받지 못했다. 그런데도 페미니즘의 선구가 되는 소설을 썼고, 『여성의 권리 옹호』와 같은 책을 썼다. 당시 사정을 고려할 때 상상하기 어려운 일이다. 그림이 그려진 1790년, 울스턴크래프트는 에드먼드 버크(Edmund Burke, 1729~1797)가 프랑스혁명을 보수적 논조로 비난한 『프랑스혁명에 관한 성찰』을 비판했다. 그러고는 귀족제를 공격하면서 공화제를 옹호한 『도덕적 정치적 대상으로서의 구조에 관한 여성의 권리 옹호A Vindication of the Rights of Woman with Strictures on Moral and Political Subjects』라는 책을 막 출판했다. 따라서 지금 그녀가 읽고 있는 책은 버크의 책일 수도 있고 자신의 책일 수도 있다. 또는 이듬해 버크의 책을 비판한 토머스 페인의 『인간의 권리』일 수도 있을 것이다.

   『여성의 권리 옹호』에서 울스턴크래프트는 현재의 많은 여성이 어리석고 천박하다는 것을 인정한다. 하지만 그것은 여성의 심신이 선천적으로 미약하거나 부족한 탓이 아니라 남성들이 여성의 교육받을 권리를 차단했기 때문이라고 주장했다. 특히 유아기 때부터 아름다움이야말로 여자의 미덕이라고 가르쳐 그들의 정신을 오도했다는

* https://ko.wikipedia.org/wiki/%EB%A9%94%EB%A6%AC_%EC%9A%B8%EC%8A%A4%ED%84%B4%ED%81%AC%EB%9E%98%ED%94%84%ED%8A%B8#/media/%ED%8C%8C%EC%9D%BC:Mary_Wollstonecraft_by_John_Opie_(c._1797).jpg

것이다. 그러므로 여성들에게도 일찌감치 외부적 성취를 추구하도록 가르친다면 당연히 지금보다 더 많은 성취를 이룰 수 있을 것으로 주장했다. 울스턴크래프트가 『여성의 권리 옹호』에서 혹독하게 지적한 것 중 하나가 감성에 매몰되는 태도였는데, 특히 여성들이 그런 태도를 보이는 데 비판적이었다.

이어 모든 여성은 자신의 사회적 지위에 걸맞은 교육에 임할 의무가 있으며, 이렇게 함으로써 비로소 자신의 지위를 재정의할 수 있다고 논했다. 또한 여성은 국가의 후세대인 아동을 양육하는 양육자일 뿐 아니라 남편의 '아내'로만 머무르지 않고 '동지'가 될 수 있다고 강조하면서 따라서 여성이야말로 국가의 필수 자원이라고 주장했다. 여성을 사회의 장식품 또는 결혼이라는 거래를 통해 주고받는 재산으로 파악하지 않고 여성 역시 남성과 동등한 기본권을 가지는 인간이라고 역설한 것이다.

그러나 19세기에 들어서 울스턴크래프트의 비판자들이 '분별 있는 여성이라면 울스턴크래프트의 글을 읽지 말아야 한다.'고 암시하거나 대놓고 주장했기에 그녀의 저작들은 거의 읽히지 못했다. 그러다가 20세기에 페미니즘 운동이 시작되면서 수면 위로 다시 떠오른다. 즉 버지니아 울프나 엠마 골드만처럼 정치적으로 서로 다른 환경에 있던 여성들이 자신이 처한 입장에서 울스턴크래프트의 삶을 나름대로 독해하면서부터다.

1929년 울프는 울스턴크래프트의 저술, 주장, 실험적 인생이 불멸의 것이며 그가 여전히 "살아서 주장하고 실험하며 우리는 그의 목소리를 듣고 산 자들 사이에서 그의 영향을 추적한다."라고 썼다.

제4장

19세기

신탁스 박사와 서적상

〈신탁스 박사와 서적상〉, 윌리엄 쿰, 『신탁스 박사의 여행』에서,
토마스 롤랜드슨, 1812, 아쿠아틴트/종이, 11×19cm

　주인공인 신탁스 박사(Doctor Syntax)는 가공의 학교장이다. 그는
배가 엄청나게 큰 출판사 사장이 자신의 여행기 출판을 거부하자 자
기 원고를 들이밀며 이것을 책으로 내면 반드시 대박이 날 거라고 설
득하고 있다. 그 뒤에는 역시 뚱뚱한 남자가 사다리에 올라가 벽에
있는 책장에서 여러 권의 책을 뽑아내어 공중으로 던지는 중이다. 책
들이 떨어지는 통에 서점 직원으로 보이는 말라빠진 청년이 놀란 듯

몸을 움츠린다. 그림의 왼쪽 구석에 있는 테이블에는 사장의 아내쯤으로 보이는 덩치 큰 여성이 술을 마시면서 만화 같은 인물들이 서점을 혼란에 빠뜨리고 있는 모습을 지켜보고 있다.

이 그림은 당대의 유명 삽화가인 롤랜드슨(Thomas Rowlandson, 1757~1827)이 그림을 먼저 그리고, 작가인 윌리엄 쿰(William Combe, 1742~1823)이 시를 쓴 『그림처럼 아름다운 것을 찾아 나선 신탁스 박사의 여행The Tour of Dr Syntax in Search of the Picturesque』에서 발췌한 것이다. 이 글들은 1810년에 잡지에 처음 발표된 뒤 인기를 얻게 되자 1812년에 책으로 출판되었다.

신탁스 박사 시리즈에 등장하는 유머와 터무니없음은 18세기와 19세기 영국 문화 및 영국인들의 여행 숭배가 어느 정도 포화 상태에 이르렀는지를 잘 보여준다. 26개의 칸토(Canto)*에서 주인공은 산적의 먹이가 되고, 소에 의해 나무 위로 쫓기는가 하면, 호수에 빠지고, 집주인과 서점을 포함한 '얼간이들'과 논쟁하기도 한다. 주인공이 쓴 책은 여행기인데 그의 주요 목적은 돈을 버는 것, 즉 자신의 말 '그리즐리'를 의자에 앉힐 수 있을 만큼 충분한 돈을 버는 것이었다.

후기 조지아 시대(c. 1780~1820)에는 영국에서 생산된 최고의 고급 컬러판 책이 있었는데, 이 분야에 대한 롤랜드슨의 기여는 상당했다. 과도한 도덕화 없이 일상에서 희극을, 허세에서 우스꽝스러운 것을 추출해내는 그의 능력은 오랫동안 관객들에게 사랑을 받았다.

---

* 서사시나 장편 시(poem)의 한 부분이나 구절을 의미한다. 주로 장편 서사시를 구성하는 주요 단위로 사용되며, 한 칸토는 보통 한 장(chapter)처럼 독립적인 내용을 담고 있다. 칸토는 이탈리아어로 '노래'를 의미하며, 각 칸토는 서사시의 전체 구조 속에서 특정한 주제나 사건을 다루는 역할을 한다.

독서

〈독서〉, 프란시스코 고야, 1820~1823, 리넨으로 옮겨진 젯소 오일,
125.3×65.2cm, 마드리드 프라도 미술관

　여섯 명의 남성이 함께 모여 앉아 중앙 인물의 무릎에 놓인 책을
읽고 있다. 책이 아니라 신문이라는 견해도 있지만 내 눈에는 책으로
보인다. 따라서 흰색 옷을 입은 남자가 자기 이야기를 다룬 신문 기
사를 읽으며 논평하는 정치인으로 추정하기도 하지만, 내 눈에는 저
자로서 본인이 쓴 책을 펼쳐 보이거나 타인의 책을 읽고 있는 독서인

으로 보인다. 이 그림은 '검은 그림'(Black Paintings)* 중에서 〈웃는 여인들〉 옆에 그려졌기에 그것과 대응되는 동반자 작품으로 간주되곤 한다. 두 그림 다 수평이 아닌 수직 구도이고, 다른 작품에 비해 규모도 작다. 또한 둘 다 시리즈의 다른 작품보다 주제는 덜 어두워도 색채는 더 어둡고, 그림 공간의 왼쪽 위에서 떨어지는 빛에 따라 조명된다. 〈웃는 여인들〉에서는 자위행위를 하는 남자를 조롱하는 두 노파를 보여주고, 〈독서〉에서는 여자들이 비웃는 고독한 쾌락만큼이나 무미건조한 정치인들이나 작가들의 대화를 보여준다.

이 그림이 포함된 14점의 프레스코 그림은 원래 만년에 스페인 화가 프란시스코 고야(Francisco Goya, 1746~1828)가 집 안 벽에 그린 것으로, 그것들을 하나씩 떼어내 1873~1874년까지 캔버스로 옮긴 다음 프라도미술관에 전시하고 있다. 고야는 1820년에서 1823년 사이에 신체적 고통, 정신적 고뇌, 스페인의 정치적 방향에 대한 환멸 속에서 마드리드 외곽에 있던 귀머거리의 집, '퀸타 델 소르도'(Quinta del Sordo)의 벽에 14점의 암울하고 고통스러운 프레스코화를 그렸다. 고야가 그 집으로 이사한 것은 1819년 72세 때였다. 귀머거리였던 전 주인의 이름을 따서 집 이름을 지었지만, 고야 역시 46세에 앓았던 알 수 없는 병으로 당시 귀가 거의 들리지 않는 상태였다. 그 집은 1909년에 철거되었다.

1746년 중산층 가정에서 태어난 고야는 14세부터 그림을 배우고 1786년에 왕실 화가가 되어 로코코 스타일의 그림을 그렸으나 귀머거리가 된 뒤부터 그림이 어두워졌다. 특히 1807년 나폴레옹이 스페

---

* https://en.wikipedia.org/wiki/Black_Paintings

인을 침략하여 혼란을 겪은 후 고야는 인류에 대해 비통한 태도를 지니게 된다.

고야는 1814년 부르봉 왕조 복원 이후의 사회적·정치적 경향에서 소외감을 느꼈으며, 그 경향을 사회 통제의 반동적 수단으로 여겨 중세로의 전술적 후퇴를 비판했다. 정치적·종교적 개혁을 희망했던 자유주의자인 그는 복원된 부르봉 왕조와 가톨릭 계층이 1812년 스페인 헌법을 거부하자 환멸을 느꼈다.

〈검은 그림〉은 노년과 광기에 대한 두려움이 더해져 더욱더 어둡다. 14점의 작품 제목은 고야가 지은 것이 아니라 대부분 후대의 미술사가들이 붙인 것이다. 그중 주요한 작품으로 〈자식을 잡아먹는 사투르누스Saturn Devouring His Son〉, 〈마녀들의 안식일Witches' Sabbath or Aquelarre〉, 〈산 이시드로로의 순례A Pilgrimage to San Isidro〉가 있다.

〈자식을 잡아먹는 사투르누스〉는 로마 신화의 사투르누스가 예언을 피하려고 자기 아들을 먹는 장면을 그린 것으로, 고야의 블랙 페인팅 중 가장 유명한 작품이다. 그로테스크하고 강렬한 이미지로 인간의 본능적이고 파괴적인 면을 상징한다. 〈마녀들의 안식일〉은 마녀들이 염소 머리를 한 악마를 숭배하는 모습을 그린 작품으로, 초현실적이고 으스스한 분위기를 자아낸다. 〈산 이시드로로의 순례〉는 일련의 기괴한 인물들이 산 이시드로로 순례를 떠나는 모습을 묘사한 것이다.

책 읽는 기독교인

〈책 읽는 기독교인〉, 존 번연의 〈천로역정〉에서, 윌리엄 블레이크, c. 1824,
수채, 사이즈 불상, 필립컬렉션, 뉴욕

무거운 짐을 진 남자가 책을 읽으며 길을 가고 있다. 자신을 짓
누르는 무거운 죄를 깨닫고, 그것으로부터 사함을 얻어 자유를 얻
기 위해 순례 여행을 떠나는 모습이다. 이 남자는 영국의 사제이자
작가인 존 번연(John Bunyan, 1628~1688)의 『천로역정The Pilgrim's
Progress』(1678)에 나오는 주인공 크리스천이다. 그는 진리를 구하려

책을 읽으면서 하늘로 가는 길이다. 물론 그 책이 무엇인지, 어떤 내용의 것인지는 분명하지 않다. 그러나 크리스천이 "거짓말을 할 수 없는 사람이 썼다."라고 말하는 대목이 있는 것으로 보아 그 사람은 바로 '신'이고, 읽고 있는 책은 성서임을 짐작하게 해준다.

번연은 영국 시골에서 땜장이의 맏아들로 태어났다. 자라는 동안 교육을 거의 받지 못했으나 결혼 후 아내가 가져온 책을 읽고서 기독교도가 되었다. 그는 당시 법으로 금지되었던 영국 국교회(Church of England) 외의 집회에서 설교를 한 죄로 1660년부터 1672년까지 12년 동안 투옥되었다. 감옥에서 그는 여러 작품을 저술했는데, 그중 『천로역정』도 포함된다. 『천로역정』은 영국 문학사에서 가장 널리 읽히고 큰 영향을 미친 작품 중 하나다. 한국에는 1895년 선교사 제임스 게일(James S. Gale, 1863~1937)의 번역으로 소개되었다.

크리스천의 얼굴은 그림을 그린 젊은 시절의 윌리엄 블레이크(William Blake, 1757~1827) 자신이다. 그는 자신을 번연의 순례자로 그렸다. 파멸의 마을에서 천국으로 가는 순례 여행의 출발을 보여주는 이 그림은 블레이크가 1824년부터 1827년까지 그린 수채화 28점 중 하나이다. 블레이크는 그 후 수년 뒤에 죽었으므로 미완의 작품이 출판된 것은 1941년의 일이다.

블레이크는 영국의 시인, 화가, 판화가로 생전에는 거의 무명이었고 심지어 미친 사람으로도 여겨졌으나, 지금은 낭만주의 시대의 시와 시각 예술의 역사에서 중요한 인물로 평가된다. 가난한 집안에서 태어나 일찍부터 그림을 배운 그는 초기 기독교의 이단인 마르시오파를 믿는 유신론자로 영국 교회를 비롯한 모든 조직화한 종교에 적대적이었고, 프랑스혁명과 미국혁명을 지지하고, 토머스 페인

(Thomas Paine), 윌리엄 고드윈(William Godwin), 메리 울스턴크래프트를 비롯한 당대의 반체제 인사들과 같은 생각을 나누었다. 그러나 로베스피에르의 공포정치에 절망하고 두 혁명은 군주제를 무책임한 중상주의로 대체했을 뿐이라고 비판했다.

그는 또한 대영제국과 노예 제도에 반대하고, 계급 권력의 남용에 대해 저항했으며, 무의미한 전쟁과 산업혁명의 파괴적인 영향을 비판했다. 나아가 동성애, 매춘, 간통 등 성행위에 대한 국가의 모든 제한을 철폐하고 자유로운 사랑을 인정해야 한다고 주장하여 아나키즘의 선구자로 불리기도 한다. 특히 1790년부터 3년간 쓴 시집『천국과 지옥의 결혼』에서 그는 교회와 국가의 억압적인 권위를 잔인하게 풍자했다.

감옥은 법의 돌로 지어지고
사창가는 종교의 벽돌로 지어진다.
공작의 자랑은 신의 영광이다.
염소의 정욕은 신의 은혜다.
사자의 진노는 신의 지혜다.
여자의 벌거벗음은 신의 일이다.

책 읽는 소녀

〈책 읽는 소녀〉, 구스타프 아돌프 헤니히, 1828, 캔버스에 유채,
42.5×36.5cm, 조형예술 박물관, 라이프치히

 이 그림은 우리말로도 번역된 알베르토 망구엘의 『독서의 역사』 표지화로 유명해졌다. 단색조의 배경과 매우 단순한 인물 묘사는 소녀의 사회적, 문화적, 종교적 배경에 대해 어떤 추측도 불가능하게 만들지만, 나는 그녀가 노동자나 농민의 딸이라고 생각한다. 19세기 초엽에 그려진 귀부인들의 모습과는 분명 다르기 때문이다.

소녀가 읽고 있는 책에 대해서도 아무런 짐작을 할 수 없지만, 책의 크기가 작은 것을 보면 시집일 수도 있을 것이다. 이 그림이 그려지기 1년 전인 1827년에 하인리히 하이네(Heinrich Heine, 1797~1856)는 『노래책Buch der Lieder』을 펴냈다. 괴테, 실러와 더불어 19세기 독일 문학을 대표하는 하이네의 초기 시들은 멘델스존, 슈만, 차이콥스키, 리스트, 브람스, 슈트라우스 등 당대 최고 작곡가들의 손을 거쳐 독일어로 된 시집 가운데 가장 많이 작곡된 시집으로 꼽힌다. 따라서 그림의 소녀가 읽고 있는 시는 「눈부시게 아름다운 오월에」일지도 모른다.

눈부시게 아름다운 오월에
모든 꽃봉오리 벌어질 때
내 마음속에도
사랑의 꽃이 피었네.

그러나 열아홉 살 하이네의 고백은 거부당한다. 그래서 『노래책』을 쓰게 되는 동기가 되어준 시 「이 깊은 상처를」을 쓴다.

마음의 깊은 상처를
고운 꽃이 알기만 한다면
내 아픔을 달래기 위해
나와 함께 눈물을 흘려주련만.

그러나 소녀는 이 같은 연애시에만 빠져들지는 않았을 것 같다. 하이네의 후기 시도 좋아하고, 그의 정치비판이나 사회비판에도 공감했을 것이다. 시인이 평생 두통, 마비 증상, 시력 장애, 척추 통증에 신음하며 불완전한 눈과 손으로 죽음 직전까지 보수 반동의 사회정치 상황을 신랄하게 비판한 글도 눈물과 함께 읽었으리라. 가령 다음과 같이 시작하는 「슐레지엔의 직조공」이다.

침침한 눈에는 눈물도 마르고
베틀에 앉아 이빨을 간다
독일이여 우리는 짠다, 너의 수의를
세 겹의 저주를 거기에 짜 넣는다
우리는 짠다, 우리는 짠다!
첫 번째 저주는 신에게
추위와 굶주림 속에서 우리는 기도했건만
희망도 기대도 허사가 되었다
신은 우리를 조롱하고 우롱하고 바보 취급을 했다
우리는 짠다, 우리는 짠다!

이 그림을 그린 구스타프 아돌프 헤니히(Gustav Adolph Hennig, 1797~1869)는 독일의 역사화가이자 초상화가로 라이프치히 아카데미의 원장을 지냈다.

샤를 보들레르의 초상화

〈샤를 보들레르의 초상화〉, 귀스타브 쿠르베, 1848, 캔버스에 유채,
54×65cm, 파브르 미술관, 몽펠리에, 프랑스

    20대의 홍조 띤 청년이 독서에 열중하고 있는 그림은 오랜만이다. 어두운 주변 덕에 청년의 모습이 더욱 뚜렷하게 부각된다. 청년이 입은 화려한 옷과 침구의 색조 때문에 '독서'라는 행위에만 집중하기 어렵게 만들지만, 흰색 깃털 펜이 없다면 이 그림을 19세기 전반의 그림이라고 보기는 어려울 것 같다.

옷만 보면 이 청년은 시인 같다. 그러나 읽고 있는 책은 시집이 아니다. 무슨 책일까? 당시 청년은 막 혁명에 참여했고, 프루동의 아나키즘에 심취한 터였다. 그러니 그가 손에 든 책은 프루동의 『소유란 무엇인가Qu'est-ce que la propriété?』(1840)일 것이 틀림없다. 프루동이 "재산은 훔친 것이다."라고 선언한 그 책 말이다.

이 그림을 그린 사람은 쿠르베. 청년은 보들레르. 보들레르 자신은 이 그림을 좋아하지 않았지만, 우리가 보들레르의 젊은 모습을 볼 수 있는 유일한 그림이니 어쩔 수 없다. 당시 26세였던 보들레르는 아직 무명이었지만 모습은 패기만만하다. 그전 해에 보들레르는 마찬가지로 무명이었던 쿠르베를 만났다.

우리가 상징주의의 아버지로 알고 있는 샤를 피에르 보들레르(Charles Pierre Baudelaire, 1821~1867)가 리얼리즘의 아버지인 쿠르베(Jean-Désiré Gustave Courbet, 1819~1877)의 친구라거나 아나키즘의 아버지인 프루동(Pierre-Joseph Proudhon, 1809~1865)의 책을 읽는다니, 이상하다고 여길지 모르겠다. 그러나 세 사람이 친구였음은 쿠르베의 대표작인 〈화가의 아틀리에L'Atelier du peintre〉(1855)를 보면 알 수 있다. 거기에 보들레르와 프루동이 함께 그려져 있는데, 보들레르는 오른쪽 끝에서 책을 읽고 있다. 그러나 보들레르는 이미 자신은 리얼리즘과 무관하다고 생각했기에 쿠르베가 이 그림에 자신을 그려 넣었다는 점에 분노했다.

그러나 쿠르베의 그림과 보들레르의 시는 모두 현대 도시 생활의 야만이라는 주제를 다루고 있다는 점에서 공통된다. 보들레르에게 파리는 행복을 가져오기는커녕 동질적이고 공허한 리듬에 따라 시간이 흐르는 폐허의 도시일 뿐이다. 도시화에 반대하는 보들레르는 그 어두운 세계 속에서 보이지 않는 것, 만질 수 없는 것, 영웅적인 것을 찾으려고 노력했고, 쿠르베는 반대로 비영웅적인 측면만을 드러내려고 했다.

보들레르는 산업화에 반대한 마르크스는 물론 소로와도 통한다. 그들은 모두 자신이 속해야 하거나 참여해야 하는 그룹이나 활동으로부터 고립된 상태 또는 고립되는 경험을 뜻하는 '소외'를 표현했다. 지금 쿠르베의 그림에서도 보들레르는 소외된 청년이다.

그의 모습은 그가 쓴 시 「알바트로스」를 떠오르게 한다.

뱃사람들은 자주 장난삼아
거대한 알바트로스를 붙잡는다.
시름 없는 항해의 동반자처럼
깊은 바다 위를 미끄러져 가는 배를 따르는 새를.
바닥 위에 내려놓자, 창공의 왕자는
어색하고 창피스러운 몸짓으로
커다란 흰 날개를 노처럼
가련하게도 질질 끄는구나.

새 가운데 가장 큰 새라는 알바트로스는 하늘에 사는 '창공의 왕자'처럼 자유로운 영혼이지만, 인간에게 잡히는 순간 추락하게 된다. 대중에게 희롱당하는 시인처럼. 그 대중이란 바로 산업화와 도시화 덕에 지배층이 된 부르주아다.

책 읽는 소녀

〈책 읽는 소녀〉, 카미유 코로, 1850~1855, 46×38.5cm, 쿤스트미술관,
스위스 빈터투어

장 밥티스트 카미유 코로(Jean-Baptiste-Camille Corot, 1796~1875)
는 만년에 책 읽는 소녀상을 여러 점 그렸다. 평생 풍경화만 그렸다
고 해도 과언이 아닐 정도인 그로서는 보기 드문 주제의 초상화다.
그래서 제대로 그리지 못했다는 비평도 들었지만, 죽기 전까지 여러
번 그렸다.

책을 읽는 고독한 여성에 대한 집착은 그가 평생 아내 없이 살았다는 사실과 관련이 있을 것 같다. 코로는 대가들의 예술을 연구하기 위해 이탈리아를 여러 차례 여행했다. 이 그림 속 모델은 코로가 가져온 이탈리아 드레스 중 하나를 입고 있다.

그는 화가로서 활동하던 초기에 그림에만 전념하다 보니 여성을 만나 결혼할 시간이 없었다고 썼다. 하지만 19세기 후반 프랑스에서는 독서 인구가 대폭 늘어났고, 특히 농촌에서도 여성 독서 인구가 늘어났으므로 코로의 여성 독서 그림은 그 같은 사회현상을 보여준다고도 할 수 있다.

18세기 말에서 19세기 초까지 혁명과 전쟁의 소용돌이에 휩쓸려 있었던 프랑스는 영국보다 늦은 1810년대에 와서야 비로소 산업화의 대열에 들어섰다. 18세기에는 독자층이 상층 부르주아에 국한되었으나, 19세기에는 하층 서민들도 도서 대여점과 신문소설의 발전으로 자유롭게 책을 읽을 수 있었다. 1849년에 나온 조르주 상드(George Sand, 1804~1876)의 『사랑의 요정 파데트La Petite Fadette』도 작가가 전원생활을 했던 베리 지방의 신문 등에 3개월 동안 연재한 소설이었다. 일란성 쌍둥이 형제와 신비한 여인 파데트의 사랑은 당시 프랑스 사회의 가부장적 규범을 전면으로 부정하면서 미신과 편견을 극복하는 사랑과 용기, 기발한 전략 등을 보여준다. 상드의 소설은 19세기 프랑스에서 급증했던 정치적이고 성적인 평등에 대한 여성의 열망을 표현한다.

코로 그림의 소녀가 흠뻑 빠진 소설은 19세기 전반기의 베스트셀러 『파리의 노트르담Notre-Dame de Paris』(1831)일 수도 있다. 흉측한 얼굴의 노트르담 대성당의 종지기 콰지모도와 집시 여인 라 에스

메랄다의 슬픈 사랑 이야기다. 이 작품으로 위고는 모든 작품이 로마 가톨릭에 의해 금서가 되었다. 그만큼 『파리의 노트르담』은 체제 비판적인 요소가 강한 작품이었다.

파리의 평범한 집안에서 태어난 코로는 대다수 화가와 달리 스무 살이 될 때까지 그림을 잘 그리기는커녕 그림에 관심이 조금도 없었던 내성적인 소년이었다. 아버지의 도움으로 토목공 견습생도 했지만, 상업을 경멸한 그는 26세부터 풍경화를 그리기 시작했다.

화가로서의 삶을 시작한 초기에는 거의 인정을 받지 못했다. 그러나 유럽, 특히 이탈리아를 여러 차례 여행하고 난 뒤 각성하여 풍경화가로서 성공을 거둔다. 1829년 이후에는 바르비종에서 그림을 그렸고, 1850년대에는 인상주의적인 스타일로 인정을 받았다.

책벌레

〈책벌레〉, 칼 스피츠베그, 1850, 캔버스에 오일, 49.5cm × 26.8cm, 독일
슈바인푸르트 게오르크 쉐퍼 박물관

옷을 대충 입은 나이 든 독서광이 팔 아래와 다리 사이에 책을 여러 권 끼우고 도서관 사다리 위에 서서 근시의 눈으로 책을 읽고 있다. 그는 자신이 19세기에 살고 있다는 사실을 인식하지 못한 채 고대 연구에만 몰두하고 있는 듯하다. 코트 주머니에서는 부주의하게 손수건이 흘러나와 있다. 무릎길이의 검은색 바지는 그가 예의 바르

고 지위도 상당하다는 것을 암시한다.

높은 천장은 프레스코화로 장식되어 있다. 먼지가 잔뜩 쌓인, 한때는 영광스러웠을 도서관에서 집중하여 책을 읽는 모습은 그 당시 유럽에 영향을 미쳤던 보수적 가치로의 복귀와 내향적인 태도를 반영한다. 이 그림은 먼지 많은 도서관의 고독 속에 구현된 평화롭고 안정적인 세계에 충격을 주었던 1848년의 혁명이 일어난 지 2년 후에 제작된 것이다. 그 혁명은 도서관과는 무관한 듯하다.

그림의 왼쪽 아래에는 너무나 오래되어 빛이 바랜 지구본이 있다. 책벌레는 외부 세계에 관심이 조금도 없다. 오직 과거에 대한 지식에만 관심이 있을 뿐이다. 우리의 주인공은 스피츠베그의 주특기인 부드러운 황금빛 스포트라이트 덕에 주목받고 있지만, 그에게 빛이란 그저 오래된 책의 단어를 잘 보이게 해주는 도구일 따름이다. 지구본 덕분에 얼핏 높이를 가늠할 수도 있을 것 같지만, 바닥이 전혀 보이지 않으므로 도리어 위태로워 보인다. 화가는 아마도 시공간을 망각한 학자의 삶에 깃든 긴장감을 고조시키고 싶었나 보다. 도서관의 크기도 알 수 없다. 높이를 보면 엄청나게 넓을 것 같기도 하다.

주인공 노인이 서 있는 책장은 형이상학(Metaphysik) 분야다. 매우 세심하게 장식된 책장의 명판으로 표시된다. 그가 읽는 책은 어쩌면 고대 그리스의 플라톤이나 아리스토텔레스의 것일 수도 있고, 동시대의 피히테나 셸링이나 헤겔의 관념론을 다룬 책일 수도 있다. 지금의 나로서는 별로 읽고 싶지 않은 책들이니 제목을 일일이 거론하지는 않겠다.

당시 정치적이거나 논쟁적인 예술은 중부 유럽에 만연한 보수적 태도로 위축되어 비더마이어(Biedermeier) 시대라고 불렸다. 비더마이어란 쿠스마울(Adolf Kussmaul, 1822~1902)이 1855년에 쓴 『슈바벤 지방의 교사 고트립 비더마이어와 그의 친구 호라티우스 트루헤르츠의 시Die Gedichte des schwäbischen Schulmeisters Gottlieb Biedermaier und seines Freundes Horatius Treuherz』에서 유래한 말이다. 비더마이어의 시는 소박하고 일상적이었는데, 미학적 기준보다는 윤리적 기준에 따라 예술성을 제한했다.

예술가들은 이전 낭만주의 시대의 유행보다 더 편협한 주제인 중산계급의 일상을 선택했지만, 미묘한 암시와 가벼운 풍자는 여전했다. 주변에서 본 인물들을 부드럽게 조롱하는 칼 스피츠베그(Carl Spitzweg, 1808~1885)는 독일의 낭만주의 화가로 비더마이어 시대의 중요한 예술가 중 한 명이다. 그는 1815년에 그림에 입문했는데, 이 시기는 나폴레옹의 패배와 더불어 유럽 전역에 정치이념이나 사상을 좇기보다는 편안함, 안정, 가정생활 등을 우선시하는 분위기가 지배적이었다.

스피츠베그는 거의 전적으로 독학하며 네덜란드 거장들을 모방했다. 그러나 주제 묘사 측면에서는 윌리엄 호가스(William Hogarth, 1697~1764)와 오노레 도미에(Honoré Daumier, 1808~1879)의 작품에 영향을 많이 받았다. 풍자적인 작품을 많이 그려서 '독일의 호가스'라고도 불렸는데, 이 그림도 그중 하나다.

소설의 독자

〈소설의 독자〉, 앙투안 위르츠, 1853, 유채/캔버스, 왕립미술관, 벨기에

허벅지를 살짝 벌린 요염한 모습으로 등을 대고 누워 있는 벌거벗은 여자가 책을 읽으려고 머리를 치켜들고 있다. 옆에는 그녀의 누드를 비추는 거울이 있다. 요조숙녀의 침실 같아 보이지는 않지만, 그렇다고 손님을 받는 직업여성의 방 같지도 않다. 침대 위에는 그녀가 손에 든 것 외에 더 많은 책이 있는데, 얼핏 여성처럼 보이는 누군가

가 침대 위에 책을 놓거나 막 가져가려고 하는 모습을 엿볼 수 있다.

여인의 책 읽는 자세는 영 불안정하다. 저런 모양으로는 오래 책을 읽지 못할 것 같다. 적어도 지금 한순간은 읽고 있는 그 내용을 상당히 즐기고 있는 듯이 보이지만 말이다. 어떤 책이기에 그토록 빠져 있는 것일까? 아마도 그 책이 여인을 흥분시키는 모양이다. 어쩌면 은밀하게 성적인 성격을 띤 것일지도 모른다.

침대 위의 책을 향해 살그머니 손을 뻗고 있는 형상을 살펴보자. 왠지 머리에 뿔이 난 것 같다. 그렇다면 사티로스(satyr)*일지도 모른다. 여인에게 성적 흥분을 불러일으키는 그런 책을 공급하는 자일까? 이 그림은 그렇다면 유혹과 타락의 현장일까?

벨기에 출신의 화가 앙투안 위르츠(Antoine Joseph Wiertz, 1806~1865)가 그린 〈소설의 독자〉는 독서의 황금기였던 19세기 여성이 책의 유혹에 무릎을 꿇음으로써 가정을 위태롭게 한다는 우려를 반영했다고 해석되었다. 가사를 소홀히 하게 만들 뿐만 아니라 성적 지향과 명시적으로 연결된 악마 같은 책들이 여성을 타락시킨다는 것이다. 그러나 반드시 그렇게 보아야 할 이유가 있을까? 옷을 벗고 책 읽는 모습을 여성이 개인의 자유를 선언한 것으로 볼 수는 없을까?

아마도 그녀가 읽는 소설은 발자크나 스탕달, 또는 메리메나 조르주 상드와 같은 낭만주의 세대 작가들의 작품일 수도 있다. 나는 그림 속 주인공이 메리메의 『카르멘』을 읽고 있다고 본다. 『카르멘』은 이 그림이 그려지기 8년 전인 1845년에 나왔다. 〈소설의 독자〉의 '독

---

* 그리스신화에 등장하는 반인반수 자연의 정령. 우스꽝스러운 외모로 그려지며 짐승 같은 얼굴, 가느다란 코에 항상 벌거벗은 모습이다. 음담패설과 외설이 주요 특징이며 포도주, 춤 등으로 여성을 유혹한다.

자'는 에스파냐를 무대로 집시 여인 카르멘과 나바르 출신의 병사 돈 호세의 숙명적인 사랑에 심취해 있다. 그녀가 읽고 있는 부분은 세빌랴의 담배공장 위병으로 근무하게 된 호세가 여공 카르멘의 야성적인 매력에 사로잡히는 부분일 수도 있고, 그 뒤 호세가 질투 끝에 상관을 죽이고 도망쳐서 밀수단에 가입하여 도둑이 되는 부분일 수도 있다. 아니면 그 후 호세가 카르멘과 함께 지내게 되었으나 그녀와 투우사 루카스 사이를 탐지한 호세가 카르멘을 죽이고 옥에 갇히는 몸이 되는 마지막 부분일 수도 있다. 어쩌면 〈소설의 독자〉의 '독자'는 1875년 비제가 작곡한 오페라 〈카르멘〉을 보았을 것이다.

아베 레이날의 책을 읽는 투상

TOUSSAINT READING THE ABBÉ RAYNAL'S WORK.

〈아베 레이날의 책을 읽는 투상〉, 존 비어드, 1853, 판화, 뉴욕공립도서관

지금 아이티는 가난하고 정치적으로도 혼란을 거듭하는 나라이 지만 세계 최초로 1791년 흑인 노예들이 프랑스와 싸워 이겨서 세 운 나라다. 그 지도자가 바로 투생 루베르튀르(Toussaint Louverture, 1743~1803)로 이 그림의 주인공이다.

이 책을 준비하면서 흑인 노예들의 독서 그림을 열심히 찾았지만

제대로 된 그림은 이 그림밖에 없었다. 그러나 투상 외에도 18세기에 독서를 한 흑인은 많았을 것이다.

투상은 지금의 아이티인 프랑스 식민지 생도맹그(Saint-Domingue)에서 노예로 태어났다. 그는 독실한 가톨릭 신자였으며, 프랑스혁명 이전에 노예 신분에서 해방되어 크리올로 임금 노동자이자 이전 주인 농장의 감독자가 되었다. 나중에는 부유한 노예 소유자가 되었고, 여러 지역에 커피 농장을 소유하는 아이러니의 주인공이기도 하다.

그 가운데 투상은 위 그림에서처럼 아베 레이날의 책을 읽었다. 아베 레이날(Abbé Raynal, 1713~1796)은 프랑스의 계몽주의자로 예수회 신부였지만 파면된 뒤 작가로 활동했다. 대표작으로 『유럽인의 두 인도에서의 정착지와 상업에 대한 철학·정치사L'Histoire philosophique et politique des établissements et du commerce des Européens dans les deux Indes』(1770)가 있다. 여기서 말하는 '두 인도'란 동인도제도(동남아시아)와 서인도제도(카리브해)를 말하는데, 그 책에는 남북아메리카에 대한 조사도 포함되었다. 그는 이 책에서 노예 제도를 강하게 비판했다.

나는 국가가 노예 제도를 승인할 수 있는 이유가 없다는 것을 증명할 것이다. 나는 이 잔인함을 용인하는 정부를 이성과 정의의 법원을 향하여 비난하는 것을 두려워하지 않을 것이다. 그런 가증스러운 시스템을 정당화하는 사람은 누구든지 철학자로부터 조롱받는 침묵을 당하고 단검으로 등을 찔릴 만하다.

이 책은 출판 후 바로 불태워졌고, 초판에는 저자 이름도 나오지 않았다. 그러다가 1780년 제네바 판에 저자의 이름이 인쇄되자 체포 명령이 떨어졌고, 작가는 독일과 러시아로 도망쳤다가 1787년에 파리로 돌아온다.

투상은 1791년 생도맹그에서 자유를 위한 전쟁의 초기 지도자였던 조르주 비아소(Georges Biassou)의 중위로 군 경력을 시작했다. 그는 새로 들어선 공화당 정부가 노예 제도를 폐지하자 프랑스에 충성을 바치기로 결심한다. 그러고는 점차 섬 전체에 대한 통제권을 확립하고, 1801년에 자신을 종신 총독으로 임명하는 식민 헌법을 공포하여 나폴레옹의 권위에 도전했다. 그러나 1802년에 체포되어 프랑스에 투옥되었다가 1803년에 죽었다. 같은 해 프랑스군은 항복하고 생도맹그에서 영구적으로 철수했다. 아이티 혁명은 계속되었고 결국 1804년 1월 1일 독립이 선언되었다.

이 판화를 만든 존 렐리 베어드(John Relly Beard, 1800~1876)는 영국의 목사로 1853년 투상 사망 50주년을 맞아 『투상 루베르튀르의 생애The Life of Toussaint L'Ouverture』라는 책을 냈다. 그는 출판의 이유를 "우리 공통 인류의 밝은색 부족과 어두운색 부족 사이에 극복할 수 없는 장벽이 없다는 가장 명확한 증거를 제공하기 위해 그렇게 했다."라고 밝히고는 투상이 조지 워싱턴이나 나폴레옹보다 우월하다고 주장했다.

프루동과 아이들

〈프루동과 아이들〉, 귀스타브 쿠르베, 1865, 캔버스에 유채, 147×198cm,
프티팔레미술관, 파리

이 그림은 볼 때마다 아쉽다. 책과 원고가 펼쳐진 계단 위에 턱을
고이고 앉은 프루동의 고귀한 지식인 같은 모습이, 농부 출신 혁명가
의 크고 토실하며 거무스레한 얼굴과 거친 두 손, 강한 턱, 억센 몸가
짐을 알 수 없게 방해하기 때문이다.

그는 파리에서 언론인으로 활동한 1947년 이후에도 전형적인 언론

인과는 너무나 다르게, 외모에 전혀 신경을 쓰지 않는 완고한 시골뜨기 태도를 고집했다. 외모만이 아니라 생각이나 글쓰기 그리고 무엇보다 생활에서도 그러했다. 그야말로 '깡촌'에서 태어나 초등학교를 겨우 다닌 수준의 교육밖에 받지 못한 노동자였던 그는 자신의 출신을 부끄러워해 그것을 숨기려고 하거나 다른 무엇으로 꾸미기는커녕 자신을 더 솔직히 드러내며 자랑스러워했다. 그런 사람이었기에 그는 자신이 아나키스트라고 당당하게 말했던 것 아닐까?

그림 속 프루동이 34세부터 꼈다는 가느다란 철 테 안경 너머로 그의 두 눈이 맑고 총명하게 빛난다. 실제로는 약간 사시였지만 전혀 짐작할 수 없을 정도다. 키가 크고 건장한 몸에 걸친 풍성한 옷은 옆에 있는 두 딸 덕분에 한없이 부드럽게 보인다. 무엇보다도 그림의 분위기는 프루동이 평생 가난했다는 사실을 숨기고 있다. 왠지 그가 앉은 계단 위로 멋진 저택이 있을 것 같고, 그 주변으로는 나무가 우거진 멋진 정원이 있을 것 같다.

쿠르베는 리얼리스트이고, 프루동 생전에 자주 만났고, 또 이 그림은 프루동이 죽고 난 직후 그린 것이니 상상화이면서도 거의 실제 모습을 그린 것일 텐데, 왜 나는 이런저런 아쉬움을 느끼는 걸까?

프루동은 1809년에 태어나 1865년에 죽었고, 쿠르베는 1819년에 태어나 1887년에 죽었다. 두 사람은 1849년, 그러니 프루동이 40세, 쿠르베가 30세에 만나 프루동이 죽을 때까지 16년간 친구로 지냈다. 쿠르베도 죽을 때까지 22년간 친구를 그리워하며 친구처럼 살았다. 특히 1871년의 파리코뮌에서 그랬다. 프루동은 그 6년 전에 죽었지만, 쿠르베는 프루동의 몫까지 다해 코뮌을 위해 싸웠다. 죽을 때까지 그렇게 싸웠다. 아니 만나기 전까지도 같은 생각으로 살았다. 두 사람 모두 프랑스 동남부 두브에서 농민의 아들이자 프랑스대혁명의 아들로 태어나 혁명을 위해, 인민을 위해 살았다. 그러니 평생을 함께한 셈이다.

"재산은 도둑질"이라는 말로 요약되는 프루동의 사상은 1840년, 그의 나이 31세에 낸 최초의 성공작이자 대표작인 『소유란 무엇인가』를 보면 알 수 있다. 당시 21세였던 쿠르베도 그 책을 읽고 리얼리즘을 개척했다. 리얼리즘은 미술계의 아나키즘과 같기 때문이다. 프루동이 마지막에 쓴 책은 쿠르베의 리얼리즘을 염두에 둔 아나키즘 미술론이었다. 쿠르베는 그 책에 대한 감사와 프루동에 대한 추억으로 그의 초상화를 그렸다. 아나키스트 화가가 그린 아나키스트 초상이었다.

제5장

인상파

에밀 졸라

〈에밀 졸라〉 에두아르 마네, 1868, 캔버스에 유채, 146.5×114cm,
오르세 미술관, 파리

에두아르 마네(Édouard Manet, 1832~1883)가 1868년에 그린 에밀
졸라의 초상화다. 이 그림은 작가 졸라의 냉정한 비판 정신과 엄정한
태도를 무표정한 얼굴과 말쑥한 옷차림을 통해 잘 드러내고 있다.

마네와 졸라는 1866년 2월에 처음 만났다. 졸라는 당시의 여러 비
평가에게 맞서 마네를 옹호했다. '개성 추구'라는 입장에서 1866년의

살롱을 비판하면서 살롱전에서 탈락한 마네를 옹호한 것이다.

그렇다. 나는 현실의 옹호자다. 내가 침착하게 고백하건대, 나는 마네를 존경하며, (중략) 진정한 자연의 거칠고 건강한 냄새를 더 좋아한다.

졸라에 의하면 마네는 '과거의 모든 경험과 기교를 거부했다. 그는 예술을 처음부터 다시 시작했다. 그는 사물에 대한 정확한 관찰을 기반으로 예술을 하는 것'이다. 그러고는 더 나아가 마네가 '일상의 얼굴들' '우리와 똑같이 생긴 인물들'을 정확하게 보여준다며 그의 그림을 찬양한다.

마네는 졸라에게 감사의 표시로 졸라의 초상화를 그려주겠다고 제안했다. 졸라가 글을 실은 잡지 《La Revue du XXe siècle》의 파란 표지가 그림에 보인다. 또한 벽에는 1865년 살롱전에서 논란이 되었지만 졸라가 마네의 최고 작품으로 평가한 〈올림피아Olympia〉가 복제되어 있다. 그 뒤에는 화가와 작가가 공유한 스페인 예술에 대한 취향을 나타내는 벨라스케스의 〈바커스〉 판화, 그리고 우타가와(歌川)파가 스모선수를 그린 일본 판화가 그려져 있다. 왼쪽에 있는 일본 그림은 유럽 회화의 원근법과 색상에 대한 아이디어를 혁신하는 데 동아시아의 역할이 지대했음을 강조한다. 책상 위에 놓인 잉크병과 깃펜은 작가의 직업을 상징하는 것이다.

이 초상화는 성공을 열망하는 마네와 졸라 사이에 이제 막 '충성스러운 우정'이 시작되었음을 알려준다. 실재와 이상, 어둠과 밝음이 조합된 그림은 놀랍도록 신선하다. 드가의 '뒤랑티 초상'이나 세잔의

'귀스타브 제프루아의 초상'처럼 화가가 자기 모델에게 완전히 공감하고 있다는 느낌이다.

당시 졸라는 1867년에 출판한 『테레즈 라캉Thérèse Raquin』으로 유명해진 터였고, 마네는 그 이듬해 이 그림을 그렸다. 졸라가 들고 있는 책은 그가 좋아한 샤를 블랑(Charles Blanc, 1813~1882)의 『회화의 역사Histoire des peintres de toutes les écoles』이다. 졸라는 1868년에 마네가 이 그림을 그릴 때 너무 뻣뻣한 자세로 작업에 집중한 나머지 자신은 그곳에 없는 것처럼 느꼈다고 회고했다. 르동(Odilon Redon, 1840~1916)은 이 그림이 초상화가 아니라 정물화에 가깝다고 평했다. 그럼에도 마네는 졸라가 가장 좋아한 화가였다.

졸라는 마네만이 아니라 피사로, 모네, 세잔 등 인상파 화가를 지지하는 평론을 신문과 잡지에 두루 기고했다. 훗날 졸라는 예술을 다음과 같이 규정한다.

예술을 한다는 것, 그것은 인간이나 자연과는 별개인 그 무엇을 만들어내는 것이 아닌가? 나는 예술가가 삶을 만들어내길 원한다. 나는 예술가가 생생한 것, 자기만의 고유한 시각과 기질로 다른 모든 것과 별개인 것을 새롭게 창조하길.

봄날

〈봄날〉, 클로드 모네, 1872, 65.5×50cm, 월터스미술관, 볼티모어

풀밭에서 책을 읽어본 적이 있는가? 서양 영화나 드라마에는 종종 풀밭이나 잔디밭에 드러누워, 혹은 엎드려 책 읽는 사람들의 모습이 나온다. 물론 우리나라 광고에도 간혹 등장하는 장면이다.

이 그림을 보자. 실제로는 가난한 화가의 아내인데, 결코 가난해 보이지 않는 그림 속 여인은 무엇을 읽고 있을까? 혹시 모네와도 친했고 뒤에 드레퓌스 사건 때 뜻을 같이했던 졸라의 소설이 아닐까? 그러나 이 그림을 그릴 때 졸라는 아직 걸작들을 발표하기 전이었다. 혹시 귀스타브 플로베르(Gustave Flaubert, 1821~1880)가 지은 『보바리 부인Madame Bovary』(1857)은 아닐까? 신문에 연재되자마자 풍기문란과 종교 모독죄로 기소되었으나 무죄판결을 받아 더욱 유명해졌고, 1866년에는 레지옹 도뇌르 훈장까지 받았으니, 이 여인이 읽는다고 해서 이상할 것은 없다.

대상을 뚜렷하고 명확하게 표현하는 전통 회화 기법을 거부하고, 자연의 빛과 색채를 중시하며, 빛과 그림자의 효과를 포착하는 데 중점을 두어 실시간으로 변화하는 대상의 색과 형태를 포착하여 그리는 인상파의 작품으로 이 그림만큼 분명한 것이 또 있을까? 이 그림에서 모네는 유사점을 포착하는 것보다 혼합되지 않은 색상이 나뭇잎을 통해 여과된 눈부신 햇빛의 효과를 암시하는 방법을 연구하는데 관심이 더 많았다.

보라, 아내를 그린 그림 중에서 이 그림만큼 사랑스러운 그림이 또 있을까? 여인은 이 그림을 그리기 2년 전에 결혼한 신부 카미유(Camille Doncieux, 1847~1879)다. 장소는 그 이듬해에 마련한 신혼집 뒷마당 정원이다. 그가 살던 곳은 다른 인상파 화가들도 즐겨 그린 아름다운 작은 마을이었다. 덕분에 풍경화의 걸작들이 많이 나왔다. 바로 파리 북서쪽 센강 우안에 있는 교외 마을인 아르장퇴유다. 이곳은 파리와 철도로 편리하게 연결되어 누구든 오가기도 쉬웠다.

프랑스 북부의 해안마을인 르아브르에서 가난한 상인의 아들로 태어난 오스카-클로드 모네(Oscar-Claude Monet, 1840~1926)는 독학으로 그림을 공부했다. 19세에 파리로 나와 그림을 그렸으나 군복무로 인해 사실은 22세부터 그린 셈이다.

그는 34세에 아르장퇴유에서 무명 예술가 협회를 조직했는데, 이 것이 훗날 인상주의의 모태가 된다. 1875년의 첫 전시회에 출품한 〈인상, 해돋이〉라는 그림으로 '인상파'라는 부정적인 이름을 얻었고, 1876년 제2회 인상파 전시회에 이 그림을 〈독서하는 여인〉이라는 제 목으로 출품했다.

그림 속 카미유는 1879년 32세의 나이로 세상을 떠났지만, 이 그림 을 포함하여 많은 명화 속에 지금도 살아 있다. 그녀를 50점이나 그 린 모네만이 아니라 마네나 르누아르도 그녀를 여러 번 그렸다. 카미 유는 가난한 집안 살림 탓에 18세 때부터 모델 일을 했다. 결혼도 하 기 전에 임신하자 처음부터 모네를 싫어했던 카미유의 부모는 두 사 람에게 이별을 종용했으나 이들은 개의치 않고 함께 살았다. 형편은 여전히 어려웠다. 카미유는 둘째 아들이 태어난 뒤 건강이 악화되어 이듬해 죽는다.

그녀가 죽고 4년 뒤 모네는 지베르니로 이사해 죽을 때까지 그곳에 서 살며 〈수련〉 연작을 포함한 풍경을 많이 그렸다. 만년에는 백내장 으로 그림을 그릴 수 없게 되었으나 그는 죽기 한 해 전까지도 붓을 놓지 않았다.

르 피가로 읽기

〈르 피가로 읽기〉메리 카사트, 1878, 캔버스에 고정한 그물 무늬 종이에
파스텔, 60×73cm, 메트로폴리탄 박물관, 뉴욕

평생 일에 지친 내 어머니는 신문이든 잡지든 책이든 무언가를 읽
는 적이 없었다. 단 한 순간도 쉴 틈을 갖지 못했던 어머니에게 독서
란 있을 수 없는 일이었을 터다.

내 어머니보다 1세기나 먼저 살았던 화가의 어머니인 캐서린 켈
소 존스턴(Katherine Kelso Johnston, 1816~1895)은 돋보기를 낀 눈으

로 프랑스 신문 〈르 피가로Le Figaro〉를 읽고 있다. 〈르 피가로〉는 1826년에 창간된 프랑스의 일간지로 〈르 몽드〉〈리베라시옹〉과 함께 프랑스의 3대 신문에 속하지만, 다른 두 신문보다 역사가 1세기 이상 길고, 다른 두 신문과 달리 보수적이다.

그림의 주인공인 카사트의 어머니에 대해 알려진 바는 거의 없다. 그러나 그녀는 금융업을 하는 부유한 가문 출신으로 역시 부유한 부동산 투기업자인 로버트 심슨 카사트(Robert Simpson Cassatt)와 결혼해 평생 부잣집 마나님으로 살았다. 이런 배경이 있었으니 60세가 넘은 그녀가 신문을 읽는 것도 특이할 리 없을 것이다.

마찬가지로 그들의 딸 메리 카사트가 부잣집 딸로서 화가가 된 것도 이상할 게 없다. 처음에 그녀의 부모는 딸이 화가의 길을 걷겠다고 하자 반대했다. 하지만 카사트는 고집을 꺾지 않아 15세부터 미술을 공부했고, 1866년 어머니와 함께 파리로 간 뒤부터 유럽과 미국을 오가며 활동하던 중 1877년 인상파전에 참가하게 된다. 그 뒤로 카사트는 베르토 모리조(Berthe Morisot, 1841~1895)*와 함께 인상파 여류 화가의 반열에 올랐다. 모리조와 달리 카사트는 평생 독신으로 살았지만 모녀 그림을 많이 그렸다.

카사트의 그림에 나타나는 모성 찬양은 기독교의 성모자상 전통을 따르는 것이어서 보수적이라 할 수도 있지만, 그녀는 평생 여성의 교육 받을 권리와 사회 문제 참여를 옹호했다.

---

* 파리에서 활동한 인상주의 그룹의 일원이었다. 그의 작품은 파리 살롱전에서 6번 연속으로 당선되었으며, 1874년부터는 인상주의 전시에 참여하여 계속 활동하였다. 처음에는 코로에게 배웠으나 1868년에는 마네를 만나 제자가 된다. 마네의 작품에 자주 등장하는 여성이자 마네와 영감을 주고받던 동료 화가인 모리조는 1874년에 마네의 동생과 결혼했다.

그래서일까? 카사트는 독서하는 여성의 모습을 자주 그렸다. 독서는 제한된 영역을 벗어나 확장된 사고로 이어지는 길을 보여주는 활동, 즉 잠재적으로 전복적인 활동이었기 때문이다. 그녀는 또한 여성 참정권 운동을 재정적으로 지원했다. 70세가 되어서는 눈이 거의 보이지 않는 상태가 되었지만, 여성 참정권 운동을 위해 노란 해바라기 꽃을 든 여인의 초상화를 비롯한 11점의 작품을 1915년 전시회에 선보이기도 했다.

상류층 백인 여성이었던 그녀가 노동계급 여성이나 흑인 여성의 투쟁에는 관심이 없었던 것도 사실이지만, 가정의 벽과 모성의 의무 너머를 바라본 페미니스트였다는 점도 부정할 수 없는 사실이다. 19세기 후반부터 시작된 여성 참정권 운동은 본능적으로 태양을 향해 몸을 돌리는 해바라기를 찬양했다. 1888년에 유행한 어떤 행진곡은 다음과 같이 노래했다.

노란 리본을 다세요, 친구 여러분, 참된 명예의 휘장을 다세요, 해바라기는 태양을 만나기 위해 변합니다, 매일 새로운 희망으로, 그리하여 우리가 행진하고 전진하면서 빛이 뚫고 나오는 진실을 추적할 수 있기를 바랍니다.

학자

〈학자〉, 오스만 함디 베이, 1878, 유채/캔버스, 45.5×90cm, 개인 소장

팔꿈치로 바닥을 고이고 엎드린 채 책 읽는 것을 나는 좋아한다. 그런데 서양의 독서 그림 중에는 이렇게 길게 누워 책 읽는 모습이 없다. 동양에는 독서 그림이 거의 없으니 두말할 필요도 없을 터다.

남자가 입은 연두색 옷은 그가 엎드려 있는 옅은 갈색 양탄자나 짙은 청록색 벽 색깔 덕분에 더욱더 밝게 빛난다. 벽에는 몇 권의 책을 꽂을 수 있는 선반이 있다. 침착하고 차분한 분위기 속에서 남자는 긴장도 피곤도 없이 편하게 독서에 집중하고 있다.

오스만 함디 베이(Osman Hamdi Bey, 1842~1910)는 근대 오스만제국에서 가장 유명한 화가이자 최초의 고고학자였다. 이스탄불과 파리에서 법학을 공부했지만 좋은 성적과 가족의 격려에도 불구하고 미술에 매료된 그는 법을 버리고 그림을 택했다. 프랑스에 유학해서 고전파 화가인 장레옹 제롬(Jean-Léon Gérôme, 1824~1904)의 영향을 받았고, 튀르키예로 돌아와 중동 리얼리즘을 개척하면서 오스만 예술의 세계화를 모색했다. 이스탄불 고고학 박물관과 미술학교를 설립했고, 1884년 문화재의 해외 반출을 막는 법률을 제정해 유물 보존의 법적 기초를 마련했다.

서양의 중세처럼 이슬람에서도 형상의 제작이 금지된 탓에 중동에는 회화의 전통이 없다. 대신, 신이 세상을 바라보는 방식으로 사물을 축소하여 화려하게 표현하는 이슬람 세밀화(miniature)가 발달했다. 이는 이슬람의 고도로 상징화된 문양과 다양한 서예 기법에 비하면 얼핏 예외적으로 보인다.

13세기 이후 이슬람 세밀화는 드넓은 이슬람 문화권 곳곳에서 다양하게 발전했다. 세밀화는 책이나 파피에 마세(papier-mâché),* 러그, 직물, 벽, 도자기 등에 금과 은 및 다양한 유기물질 재료를 이용하여 세밀하게 그림을 디자인하고 창작하는 2차원 회화 예술작품의 한 유형이다. 역사적으로 세밀화는 텍스트를 시각적으로 이해할 수 있도록 돕는 그림을 대표했지만, 오늘날 세밀화는 발전을 거듭하면서 건축물이나 공공장소의 장식 요소로도 쓰인다. 이러한 세밀화 패턴에는 신념과 세계관, 생활방식 등이 회화적으로 표현되는데, 이슬

---

* 혼응지(混凝紙)는 펄프에 아교를 섞어 만든 종이로 습기에 무르고, 마르면 아주 단단해진다.

람의 영향으로 새로운 특징적인 성격을 갖게 되었다.

이슬람 미술에 나타나는 이야기는 주로 빛과 어둠의 공존이 주제다. 2006년 튀르키예 최초로 노벨문학상을 수상한 소설가 오르한 파묵(Ferit Orhan Pamuk, 1952~)의 아름다운 소설 『내 이름은 빨강 Benim Adim Kirmizi』은 이슬람 세밀화를 소재로 한 작품이다.

애서가들

〈애서가들〉, 호세 히메네스 이 아란다, 1879, 유채/판, 35.6×50.8cm

도서관 입구다. 그곳에 책을 내놓은 이유는 도서관에서 필요 없게 된 책들을 헐값으로 팔기 위해서인 듯하다. 요즘 우리나라 도서관에서도 소장 도서가 많아져서인지(우리 도서관의 규모는 대부분 작다) 아니면 책이 전자화되어서 종이책이 더는 필요 없다고 생각한 탓인지 종종 도서관 책을 헐값으로 팔곤 한다. 외국에서는 훨씬 일찍부터 그러했는데, 이 그림을 보니 19세기 말에 이미 비슷한 행사가 있었던 모양이다.

나도 외국 대학 도서관 앞에서 열린 일종의 책 바자에서 좋은 책들을 산 적이 있다. 특히 19세기에 나온 한국 관련 책들을 발견했을 때 정말 기뻤다(한편 그런 책들을 버린 도서관 측에 섭섭하기도 했다). 우리말로도 번역된 『예술가는 왜 책을 사랑하는가?』라는 책에서는 이 그림이 '새로운 책을 찾는 기쁨'을 그렸다고 하지만 탁자 위에 있는 책들은 새 책이 아니라 헌 책들이다.

아마도 그 탁자 위에는 12세기 초의 영웅 서사시인 『나의 시드의 노래』나 14세기 후안 루이스(Juan Ruiz, 1283~1350)*가 지은 『좋은 사랑의 이야기Libro de Buen Amor』가 있을지도 모른다. 혹은 스페인의 문예부흥기라 일컫는 15세기 작품들 중 페르난도 데 로하스(Fernando de Rojas, c. 1465/73~1541)**의 『라 셀레스티나』가 있거나, '돈 후안'을 창조한 티르소 데 몰리나(Tirso de Molina, 1583~1648)***, 스페인의 셰익스피어라고 불리는 칼데론(Pedro Calderón de la Barca, 1600~1681)****의 작품, 또는 이른바 '황금세기'를 더욱 빛내준 세르반테스의 『돈키호테』 초판본이 놓여 있을지도 모른다.

그림에는 도서관 이름도 명시되었다. 부엔수세소 도서관(Libreria

---

* '이타의 수석 사제'(Archipreste de Hita)라는 별명으로 유명한 문필가이다.

** 스페인의 작가이자 극작가로 희곡체 소설인 『라 셀레스티나』로 유명하다. 『라 셀레스티나』는 스페인 민중의 도덕적 기질을 잘 드러낸 작품이다.

*** 본명은 가브리엘 텔레스. 메르세데스 수도회사(修道會士)에서 관구장을 지냈다. 4백 편의 연극을 썼다고 하나 현재까지 남아 있는 것은 86편. 특히 『세빌랴의 난봉꾼과 돌의 초대객』은 방탕아 돈 후안을 처음으로 문학에 등장시킨 극으로 유명하다.

**** 바로크 시대의 대표적 작가로, 가톨릭교회에 대한 감정과 국왕에 대한 충성을 묘사하였다. 작품에 『이상한 마법사』, 『십자가의 신앙』, 『인생은 꿈』 등이 있다.

del Buen Suceso)이다. 스페인의 수도 마드리드 중앙에 있는 푸에르타 델 솔(Puerta del Sol)의 동쪽에 있는 부엔수소스 교회(그림의 오른쪽에 보이는 교회) 앞에 있는 도서관이다. 그림을 그린 19세기 스페인 화가 호세 히메네스 아란다(José Jiménez Aranda, 1837~1903)는 세비야와 마드리드에서 그림을 공부했다.

그림에서 보듯이 19세기 후반 스페인의 공공도서관은 열악했고, 지금도 영국이나 미국에 비해 수준이 열악하다. 스페인 사람 대다수는 독서를 많이 하지 않는다. 개인 집에도 책이 거의 없다. 그 점이 스페인을 쇠퇴하게 만든 요인인지는 알 수 없지만, 16세기에 해상대국이었고 세르반테스와 같은 대작가를 배출하던 시기와는 달라도 너무나 다른 게 현실이다.

스페인의 도서관은 개관 시간도 제한적이어서 일주일에 2~3일, 그것도 오전에만 여는 도서관이 대다수다. 심지어 회비도 받는다. 세계 각국의 도서관과 서점을 찾아다니기 좋아하는 나에게는 가장 언짢은 나라가 스페인이었다. 프라도미술관을 비롯해 몇 개의 미술관이 있어서 몇 번이나 찾아갔지만 서점은 별로였다. 반면 스페인 옆의 포르투갈에는 도서관도, 서점도 많고 볼만한 곳도 많다. 스페인과 비교해서는 물론이요 유럽 전체에서도 가난한 나라 축에 속하지만, 책과 관련해서는 풍요했다. 가난하지만 평화롭게 책을 읽고 사는 사람들이 많아 부럽다는 느낌도 들었다.

에드몽 뒤랑티의 초상

〈에드몽 뒤랑티의 초상〉, 에드가 드가, 1879, 템페라와 파스텔/린넨,
100.6×100.6cm, 뷰렐 컬렉션, 글래스고

    루이 에드몽 뒤랑티(Louis Edmond Duranty, 1833~1880)는 19세기
프랑스의 소설가이자 미술평론가로 처음에는 리얼리즘, 뒤에는 인상
파를 지지했다. 1864년 마네가 이사한 아파트 부근에 있던 허름한 카
페 게르부아(Guerbois)에 젊은 화가들이 매주 정기적으로 모이기 시
작했는데, 뒤랑티는 그곳에서 쿠르베, 졸라, 드가 등을 만났다.

1870년 에두아르 마네는 뒤랑티가 쓴 평론에 격분하여 결투를 신청한다. 격렬한 결투 끝에 뒤랑티가 가슴을 두 번 찔리고 나서 두 사람은 화해했다. 후에 뒤랑티는 마네의 살롱전을 보고 호평을 남겼다. 그러나 뒤랑티가 인상파 화가 중 최고로 친 사람은 드가였다. 두 사람의 생각이나 지향이 비슷했던 것도 한몫했을 것이다. 애서가였던 그는 애석하게도 죽기 전 해에 책을 모두 팔아야 했다.

드가는 어릴 때부터 그림을 그리기 시작했다. 1853년 18세에 리세를 졸업할 무렵, 그는 집 안의 방을 아틀리에로 바꾸었다. 그해 아버지의 요구로 파리대학교 법학부에 입학했지만, 공부에는 관심이 전혀 없었다. 2년 뒤 드가는 국립미술학교(École des Beaux-Arts)에 입학해 그림을 배운다. 1856년부터 3년간 이탈리아를 여행하고 돌아온 뒤부터 그림을 많이 그리기 시작했고, 1865년부터 5년간 살롱에 역사화를 출품했지만 관심을 끌지는 못했다.

1870년 프랑스-프로이센 전쟁이 발발하자 드가는 방위군에 입대했으나 소총 훈련 중 시력에 결함이 있는 것으로 밝혀졌다. 전쟁이 끝난 후 드가는 1872년부터 친척들이 살았던 뉴올리언스에 머물면서 가족의 모습을 그렸다.

1873년 파리로 돌아온 뒤에는 인상파전에 참여했다. 1874년부터 1886년 사이 8회에 걸친 인상파 전시회에 7회나 출품했으나, 모네를 비롯한 인상파 풍경화가들과는 공통점이 거의 없었다. 사회적으로 보수적이었던 그는 전시회로 인한 스캔들과 동료들이 추구하는 가치관이 담긴 홍보 활동을 혐오했다. '드레퓌스 사건'에서는 반유대주의를 표명했고, 모든 유대인 친구와 헤어졌다.

평생 독신이었던 그는 1917년에 죽기 전까지 거의 눈이 먼 채로 파리의 거리를 쉬지 않고 방황하면서 생애의 마지막 몇 년을 보냈다.

레프 톨스토이 초상

〈레프 톨스토이 초상〉, 일리야 레핀, 1887, 캔버스에 유채, 124×88cm,
크레탸코프 미술관, 모스크바

레핀(Il'ya Yefimovich Repin, 1844~1930)*은 20점이 넘는 톨스토이
(Leo Tolstoy, 1828~1910)의 초상화와 스케치를 그린 것으로 유명하

---

* 사회 체제에 대한 비판적 내용을 내포한 그림을 그려 사회주의 리얼리즘의 선구자로 꼽히며, 풍속
화에서 많은 걸작을 남겼다. 동시대 인상주의의 영향을 받아 러시아 민중의 삶을 사실적으로 표현하
였다.

다. 두 사람은 나이 차에도 불구하고 오랜 우정을 쌓았고, 동시에 모든 이슈에 대해 논쟁을 벌이기도 했다. 서로를 존경했고 서로 영향을 주고받았지만, 예술 문제에 있어서는 도무지 화해할 수 없을 만큼 견해차를 보이기도 했다.

레핀과 톨스토이는 1880년 모스크바에서 만났다. 당시 톨스토이는 이미 저명한 작가였을 뿐만 아니라 초기 시절의 가치와 업적을 재평가하는 '영적 탐구' 상태에 있었다. 비교적 젊은 예술가(톨스토이는 52세, 레핀은 36세)의 작업실에 찾아온 것은 톨스토이였다.

레핀은 『레프 톨스토이와의 회고록』에서 그날의 기쁨을 다음과 같이 썼다.

레프 톨스토이, 정말인가요? 그 사람은 원래 그런 사람이에요! 나는 이반 크람스코이가 그린 그의 초상화만 알았고 그때까지 레프 톨스토이는 괴짜 신사, 백작이라고 상상했어요. 키가 크고 검은 머리에 머리가 별로 크지 않은데….

맙소사, 이 톨스토이는 참으로 포용력 있는 영혼을 갖고 있다! 태어나고 살고 숨 쉬는 모든 것, 자연 전체가 그에게 조금도 거짓 없이 진실하게 반영되어 있으며, 그 눈은 한 번 보면 영원히 남아 있다.

대화가 끝난 뒤 레핀은 톨스토이를 집으로 데려갔다. 그 후 그들은 거의 매일 만나 산책을 하며 긴 대화를 나누었다. 레핀은 톨스토이가 말한 모든 이야기에 깊은 인상을 받았으며, "그 후 나는 낡은 생활에 대한 톨스토이의 무자비한 비난 때문에 머리가 어지러워 잠을 이룰 수 없었다."라고 썼다.

사형 폐지에 대한 톨스토이의 설교는 레핀이 〈미라의 성 니콜라스〉를 그리는 데 영감을 주었다. 회색 머리에 수염이 있고 십자가로 장식된 성 니콜라스는 바로 톨스토이였다. 톨스토이는 레핀의 코사크 그림이 경박하다고 생각하여 한동안 그를 화나게 했으나 그 그림은 훗날 유명한 걸작 중 하나가 된다.

레핀은 오랫동안 톨스토이의 초상을 그리지 않다가 1887년 야스나야 폴랴나(Yasnaya Polyana)에서 쟁기질하는 톨스토이의 초상화를 처음으로 그렸다. 그리고 일주일 동안 그곳에서 톨스토이가 책을 읽고, 걷고, 농민과 이야기하고, 밭을 가는 모습 등을 스케치했다. 레핀은 더위가 최고조에 달했던 8월의 무더운 날, 톨스토이가 쉬지 않고 6시간 동안 검은 비옥한 땅을 갈아엎었다고 썼다. 그림의 모델이 되어 포즈 취하는 것을 극도로 싫어했던 톨스토이였지만 그는 레핀의 초상화를 위해 인내심을 발휘했다. 그의 친구들에게 보낸 편지에서도 보듯 톨스토이는 당시 레핀을 높이 평가하며 좋아했기 때문이다.

초상화 속의 톨스토이가 손에 든 책은 무엇이었을까? 행동하는 지식인으로서 직접 교과서를 쓰기도 했고, 농민과 귀족이 평등하게 교육받기를 원했고, 모든 사람은 토지에 대한 권리를 평등하게 가지고 있다는 사상을 가졌던 그였으니, 혹시 헨리 조지의 『진보와 빈곤』(1879)*은 아니었을까?

---

* 사회이론가 겸 경제학자 헨리 조지가 쓴 책. 경제와 기술 발전과 함께 왜 가난이 존재하는지, 경제는 왜 주기적으로 번영과 침체를 겪는지에 대한 문제를 다룬다. 조지는 역사적 분석과 추론을 통해 자연자원과 토지 소유권으로부터 경제적 임대료를 징수하는 급진적 해결책을 주장한다. 『진보와 빈곤』은 조지의 첫 번째 책으로 수백만 부가 팔려, 1800년대 후반 최고의 베스트셀러 중 하나가 되었다. 이 책은 진보주의 시대를 일으키고, 지공주의로 알려진 세계적인 사회 개혁 운동을 촉발하는 데

그러나 시간이 지나면서 레핀은 더는 톨스토이에게 매료되지 않았다. 쟁기를 들고 어두운 서재에 촛불을 들고 홀로 앉아 있는 이 노인을 오히려 불쌍히 여겼다. 특히 톨스토이가 『예술은 무엇인가』에서 라파엘로, 바그너, 셰익스피어를 무가치한 인물로 평가한 점에 레핀은 실망했다. 그럼에도 두 사람은 톨스토이가 죽을 때까지 친구로 지냈다.

중요한 역할을 하였다.

책 읽는 처녀

〈책 읽는 처녀〉, 테오도르 루셀, 1886~1887, 캔버스에 유채, 152×161cm,
테이트 미술관, 런던

테오도르 루셀(Theodore Casimir Roussel, 1847~1926)은 프랑스 태생의 영국 화가다. 1885년에 그는 평생의 친구이자 멘토가 된 제임스 맥닐 휘슬러(James McNeill Whistler)를 만났고, 2년 뒤 실물 크기의 누드 작품인 〈책 읽는 처녀〉를 선보이며 화단에 데뷔했는데, 즉각 엄청난 반발을 샀다. 그러나 그 뒤에는 이 작품을 당대 최고의 누드라고 선언하는 사람도 있었다.

그림의 처녀는 무슨 책을 읽고 있을까? 찰스 디킨스(Charles Dickens, 1812~1870)의 『위대한 유산Great Expectations』(1860~1861)일까? 제인 오스틴(Jane Austen, 1775~1817)의 『오만과 편견Pride and Prejudice』 (1813)일까? 에밀리 브론테(Emily Brontë, 1818~1848)의 『폭풍의 언덕Wurthering Heights』(1847)일까? 샬럿 브론테(Charlotte Brontë, 1816~1855)의 『제인 에어Jane Eyre』(1847)일까?

당당하게 누드로 책을 읽는 그녀의 모습에서 결혼 문제에 집중했던 오스틴보다는 『제인 에어』가 어울릴 법하다는 생각도 든다. 오스틴 소설의 주인공들처럼 아름답고 수줍은 요조숙녀로 백마 타고 올 남편을 기다리는 여주인공이 대세였던 시대에 예쁘지 않고 격정적이며 독립적인 여성인 제인 에어가 이 그림에 더 어울릴지도 모른다. 총명하고 의지가 굳은 제인 에어가 명문가의 가정교사로 들어갔다가 주인과 사랑에 빠진다는 전형적인 로맨스도 있지만, 『제인 에어』는 최초의 여성 성장소설이라는 점에서 더 가치가 있다.

여주인공의 강렬한 자의식과 독립성을 이유로 정치적 반역과 분노가 가득하다는 비판과 함께 금서 목록에 오를 정도로 당시에는 크나큰 충격을 안겼던 소설이다. 그래서일까? 지금은 선구적인 페미니즘 작품으로 평가된다. 가령 소설의 제23장에서 제인이 로체스터에게 다음과 같이 말한 대목에서 그녀의 '평등에 대한 욕구'를 읽을 수 있지 않을까?

제가 자동인형이라고 생각하시나요? 감정이 없는 기계라고요? (……) 제가 가난하고, 미천하고, 평범하고, 작기 때문에 영혼도 없고 무정하다고 생각하시나요? 당신은 잘못 생각하고 있습니다. 저도 당신과 마찬가지로 영혼이 있고, 감정도 충만합니다. 제가 복이 있어서 조금만 더 예쁘고 조금만 더 부유하게 태어났더라면 저는 지금 제가 당신을 떠나 괴로운 만큼 당신이 저와 헤어지는 것을 괴로워하게 할 수도 있었을 겁니다. 저는 지금 관습이나 인습, 심지어 필멸의 육신을 통해 당신에게 말하고 있습니다. 마치 두 영혼이 다 무덤 속을 지나 하느님의 발밑에 서 있는 것처럼 우리는 현재도 동등하지만 말이에요.

프랑스 소설과 장미가 있는 정물

〈프랑스 소설과 장미가 있는 정물〉, 빈센트 반 고흐, 1887, 유화/캔버스,
73×93cm, 개인 소장

　대부분 밝은 노란색인 스무 권 이상의 소설책들이 테이블 위에 놓여 있다. 오른쪽 유리잔 속에는 장미꽃이 있다. 그리고 그림을 그리고 있는 화가의 눈앞이자 그 그림을 보는 우리의 눈앞에는 한 권의 소설이 열려 있다.

무슨 소설일까? 『캉디드Candide, ou l'Optimisme』*일까? 이 그림을 그린 1887년부터 약 2년간 고흐는 기회가 있을 때마다 편지에 『캉디드』를 언급한다. 1888년 7월 테오에게 보낸 편지에서도 『캉디드』가 위대한 걸작이라고 쓴다. 같은 해 누이동생 빌에게 쓴 편지에서는 우울증과 비관론을 극복하기 위해서는 웃음을 주는 소설을 읽어야 한다고 조언하면서 『캉디드』를 추천한다. 그러나 반 고흐는 주인공 캉디드보다는 그의 스승인 팡글로스에 더 끌렸다. 팡글로스를 부조리한 세상에서도 희망을 잃지 않는 불굴의 인간으로 받아들였기 때문이다.

아니면 미슐레(Jules Michelet, 1798~1874)**의 『사랑L'Amour』(1858)일까? 반 고흐는 1873년 첫사랑에 실패한 뒤 동생에게 보낸 편지에서 그 책을 처음 언급하는데, 이 책은 곧 그의 '연애 안내서'가 된다. 아니면 일찍부터 좋아한 위고의 『레미제라블Les Misérables』(1862)이나 『사형수 최후의 날Le Dernier Jour d'un condamné』(1829)일까?

아니면 발자크일까, 졸라일까? 반 고흐는 발자크와 졸라를 민주적이고 공화적인 인민을 그린 '전 계층과 환경의 화가'인 들라크루아나 도미에, 밀레에 견주곤 했다. 특히 고흐는 발자크가 서른세 살 무

---

* 프랑스의 작가 볼테르(의 풍자소설. 철학적 낙관주의를 풍자하며, 다양한 모험을 통해 인간사회의 부조리와 모순을 드러낸다. 계몽주의 사상과 현실주의를 바탕으로 맹목적인 낙관주의를 비판하고, 이성·과학·개인의 자유를 강조한다. 최종적으로 현실을 직시하고 각자가 자신의 일을 하며 살아가는 실천적 삶의 태도를 역설한 철학적 콩트의 대표작이다.

** 프랑스의 저명한 역사가이자 작가. 대표작인 『프랑스사Histoire de France』는 중세부터 프랑스 혁명까지의 역사를 다룬 것으로 약 30년에 걸쳐 집필한 책이다. 미슐레는 역사뿐만 아니라 문학과 철학에도 깊은 관심을 가졌는데, 그의 글은 문학적 감성과 철학적 사유가 결합된 것으로 평가받는다. 『사랑』은 19세기 로맨티시즘의 영향을 받아 사랑과 감정의 중요성을 강조하고, 당대의 문학적, 철학적 흐름을 반영한 작품이다.

렵에 쓴 『시골의사』를 좋아했다. 가난한 시골 마을에서 무료로 환자들을 치료하며 주민들을 개화시켜 마을을 발전시키는 헌신적인 시골 의사 브나시, 그리고 날품팔이의 딸로 태어나 일찍이 고아가 되어 구걸로 연명하며 살다가 부르주아의 몸종이 되었으나 버림받고서 죽음을 생각하던 중 브나시를 만나 안정을 되찾는 소녀 포쇠즈의 이야기에 반 고흐는 감동한다.

반 고흐가 가장 즐겨 읽은 작가는 졸라였다. 그는 졸라의 소설을 읽으면서 자신의 삶과 결부시켰다. 가령 『파리의 중심』에 나오는 여주인공 프랑소와가 정치적 망명가인 플로랑을 사랑하는 것을 두고, "그 휴머니티는 생명의 소금이다. 그것 없이는 살고 싶다고도 생각하지 않는다. 문제는 그것뿐이다."라면서 자신이 창녀 시엥을 사랑하는 현 상황과 연관시켰다.

반 고흐는 여러 작가의 수많은 책을 읽었어도 구체적으로 소감을 밝히는 경우가 거의 없었다. 그런데 졸라의 『제르미날』만큼은 예외였다. 졸라가 쓴 작품들 외에 고흐는 모파상과 플로베르, 드 공쿠르 형제 등이 쓴 소설을 읽었다. 위 그림은 그 작가들의 문학에 바치는 찬가이다.

아를의 여인

〈아를의 여인〉, 빈센트 반 고흐, 1890, 유화/캔버스, 654×49cm,
크릴러뮐러미술관, 오테를로

　반 고흐가 그린 모든 인물처럼 이 그림의 주인공도 서민인 하숙집
여주인 지누 부인이다.

　반 고흐는 아를에 도착한 1888년 5월에서 9월 중순까지 지누 부
인의 집에서 하숙했다. 아를 지방의 전통복을 입은 마리 지누 부인
(1848~1911) 앞에는 스토 부인이 쓴 『톰 아저씨의 오두막Uncle Tom's

Cabin』(1852)과 디킨스의 『크리스마스 캐럴A Christmas Carol』(1843)이 놓여 있다.

반 고흐의 38년이라는 짧은 생애에서 가장 결정적인 시기는 화상, 보조 교사, 책방 점원 등 여러 직업을 전전하다가 1878년 말부터 벨기에 보리나주 광산촌에 들어가 임시 전도사로 일했던 때다. 그곳의 노동 환경은 최악이어서 노동자들의 저항이 이어졌고, 1880년대 정점에 달해 폭력 사태를 초래한 파업이 반복되었다. 1879년 6월 테오에게 보낸 편지에서 빈센트는 파업의 주동자와 알게 되어 그들에게 더욱 공감하게 되었다고 말하면서 스토의 『톰 아저씨의 오두막』을 읽은 소감을 다음과 같이 남겼다.

세상에는 아직도 많은 노예제가 남아 있다. 참으로 훌륭한 이 책에는 이러한 중요한 문제가 매우 큰 지혜와 사랑, 그리고 압제에 고통받는 가난한 사람들의 진실한 행복을 생각하는 한없는 열의와 흥미로 얘기되고 있는 만큼 사람들은 이 책을 몇 번이고 다시 읽으며 그때마다 새로운 것을 발견하게 된다.

'예술, 그것은 자연에 부가된 인간이다.' 나는 예술에 대한 이 이상의 정의는 모른다. 자연, 실재, 진리, 그러나 그로부터 예술가가 이끌어내는 의미와 견해와 특질이 가해지는 것이다. 예술가는 그것들에 표현을 부여하고 그것들을 '해방시키며' 풀어내고 자유롭게 하며 해명하는 것이지. (…) 특히 『톰 아저씨의 오두막』에서 작가는 사물에 새로운 빛을 비추고 있더구나.

디킨스도 반 고흐가 특히 좋아하는 작가 중 한 사람이다. 디킨스

문학의 특징인 등장인물의 개성적 묘사와 권선징악적 스토리는 반고흐에게 큰 감동을 주었다. 무엇보다 두 사람은 자본주의 사회를 비판적으로 받아들였다. 디킨스는 정치, 경제, 법, 종교, 교육, 가족 등 모든 문제를 철저히 비판했다. 즉 부분적인 비판이 아니라 체제 자체를 비판했다는 점에서 보다 근본적인 비판이었다. 『크리스마스 캐럴』 외에도 『어려운 시절Hard Times』(1854)을 읽고서 가혹한 산업사회의 노동력 착취를 비판하는 그 소설에 공감한다고 썼다. 또한 사회에서 소외된 고독한 노동자 주인공 스티븐 블랙풀의 희생정신에도 공감했다고 말했다.

램프 불빛 아래 메이예르 드 한의 초상화

〈램프 불빛 아래 메이예르 드 한의 초상화〉, 폴 고갱, 1889, 79.6×51.7cm,
뉴욕현대미술관

네덜란드 화가 메이예르 드 한(Meijer de Haan, 1852~1895)은 고갱 (Paul Gauguin, 1848~1903)의 친구인 유대인 곱사등이다. 그는 턱을 괴고 종교와 철학에 대해 숙고하고 있다.

탁자 위에는 존 밀턴(John Milton, 1608~1674)의 『실낙원Paradise Lost』(1667), 토머스 칼라일(Thomas Carlyle, 1795~1881)의 반유대주

의 작품인 『의상철학Sartor Resartus』(1833~1834)이 놓여 있다. 사과 그릇은 에덴동산에서 이브를 유혹했던 과일과 고갱이 존경했던 동시대 화가 폴 세잔의 정물화를 암시하면서 매력적인 마리 앙리(Marie Henry)의 유혹을 뜻한다. 고갱 자신도 그녀를 좋아하여 두 친구 사이에 마찰이 생겨났다.

테이블이 캔버스를 나누는 강력하고 역동적인 대각선 구도, 대담한 색상으로 칠한 넓은 면, 한의 '마스크' 같은 얼굴은 고갱의 현대적인 회화 언어를 유감없이 보여준다.

암스테르담의 유대인 부잣집에서 태어난 드 한은 평생 결핵을 앓아 성장이 둔화되었다. 키는 4피트 11인치에 불과했다. 1879년과 1880년에 암스테르담 예술가 협회(Arti et Amitciae)의 회원으로서 드 한은 파리 살롱에 자신의 작품을 전시했다. 1888년까지 암스테르담에서 주로 초상화와 노동계급 유대인을 그렸으나 17세기 유대인 철학자가 랍비들에게 파문당하는 그림을 그려서 물의를 빚은 뒤 파리로 갔다.

파리에서 그는 테오 반 고흐를 만나 몇 달간 함께 살았다. 그러면서 테오의 소개로 빈센트 반 고흐를 알게 되어 한동안 그와 함께 살게 된다. 파리에 온 빈센트처럼 드 한도 인상파의 영향을 받아 가벼운 색상을 사용하기 시작하고, 과거보다 덜 형식적인 주제로 그림을 그리기 시작한다. 1888년 말, 빈센트 반 고흐는 아를에서 고갱과 9주 동안 함께 살았으나 크리스마스 전날 반 고흐가 귀를 자르는 사건이 발생하자 고갱은 그곳을 떠난다.

1889년에 드 한은 브르타뉴의 퐁타방에서 폴 고갱을 만나 함께 해안을 여행하면서 1890년에서 이듬해까지 머문 호텔 카페의 주인인 마리 앙리를 만났다. 그들은 식당의 벽에 인상파 벽화를 함께 그렸다. 마리 앙리는 1891년에 드 한의 딸을 낳았지만 드 한은 암스테르담 집으로 돌아가 43세의 나이로 죽는다. 드 한은 그가 프랑스에서 그린 모든 그림을 마리와 그녀의 두 딸에게 맡겼다.

죽기 전에 드 한은 고갱과 함께 타히티로 갈 작정이었다. 그러나 가족이 보내준 생활비가 끊기고 갑작스럽게 병이 악화되자 드 한은 타히티행을 포기했고, 고갱은 1891년 홀로 타히티로 떠난다. 그러나 그곳은 고갱이 꿈꾸었던 원시의 타히티가 아니었다. 고갱은 연출된 사진을 빌려 이상화된 원시 자연 속의 여인을 그리고, 44세의 나이로 13세의 소녀와 결혼했으나 2년 뒤 파리로 간다. 이후 1895년 고갱은 다시 타히티로 가서 성적 방종에 젖어 살면서 14세 소녀와 동거하기도 했다. 고갱은 다시 원시를 찾아 마르키즈제도로 갔지만 그곳 역시 원시는 아니었다.

귀스타브 제프루아

〈귀스타브 제프루아〉, 폴 세잔, 1895~1896, 유채/캔버스, 117×89.5cm,
오르세 미술관, 파리

1894년 가을, 귀스타브 제프루아(Gustave Geffroy, 1855~1926)는 세
잔을 찬양하는 글을 잡지에 실었다. 그 글을 읽고 세잔은 제프루아를
만나기 위해 지베르니에 있는 모네의 집을 찾아간다.

제프루아는 인상파의 전모를 최초로 논한 최초의 인물로 모네의
평전을 쓰기도 했다. 1855년 파리에서 태어난 그는 1880년부터 클레

망소가 주재한《라 저스티스La Justice》에 참가하여 1884년부터 미술비평을 담당했다. 1876년 9월, 제2제정기에 수감된 오귀스트 블랑키 (Louis Auguste Blanqui, 1805~1881)의 평전 저술을 위해 베르 인 앙 메르(Belle-Île-en-Mer) 감옥을 취재하려고 방문했을 때 모네와 알게 된다. 1892년에는 『예술가의 생애La Vie aristique』 전 8권 중 제1권을 내고 「인상파의 역사」라는 논문을 발표했다. 1893년에는《르 주르날Le Journal》지의 미술비평을 담당하면서 세잔을 찬향하는 글을 썼다.

1894년 11월 말, 세잔은 지베르니에서 로댕(Auguste Rodin, 1840 ~1917), 미르보, 클레망소도 만났다. 뒤에 제프루아가 쓴 『클로드 모네, 그의 인생, 그의 시대, 그의 작품Claude Monet. Sa vie, son temps, son oeuvre』(1922)에 의하면 세잔은 자신과 마찬가지로 가톨릭 신자인 로댕을 극단적으로 숭배하는 반면, 무신론자이고 아나키스트적이기도 한 클레망소는 극단적으로 경멸했다.

제프루아도 가톨릭이 아니었지만, 그는 세잔을 찬양했던 터였기에 세잔 역시 그에게 호의를 품고 살롱에 출품할 그림의 모델이 되어 달라고 부탁할 수 있었다. 세잔은 1895년 4월부터 석 달간 몽마르트 언덕 맞은편인 벨빌 언덕의 꼭대기에 살았던 제프루아의 아파트에서 그의 초상화를 그렸다.

제프루아는 모델을 서는 동안 프랑스 사회주의자인 블랑키의 전기인 『유폐자L'Enfermé』(1896)를 집필했다. 뒤에 세잔은 볼라르에게 당시 제프루아가 "클레망소 이야기만 줄곧 하기에 나는 가방을 챙겨 들고 엑스로 가버렸지."라고 했다. 이에 대해 제프루아는 뒤에 볼라르의 이야기가 "터무니없는 소리"라고 반박했다. 제프루아는 세잔에게 클레망소의 초상화를 그려달라고 요청하기도 했다.

세잔은 1898년 6월, 가스케에게 보낸 편지에서도 제프루아에 대해 "상스럽다"고 하면서 제프루아와 클레망소 초상화 작업을 포기했다고 말한다. 제프루아는 졸라와 함께 도시적 감각을 지닌 진보파로 정치 사회적 이데올로기와 무신론자인 점에서 서로 통했다. 실은 1891년 이후부터 세잔은 가톨릭을 독실하게 믿게 되었는데, 이에 따라 졸라처럼 가톨릭에 반하여 드레퓌스를 옹호한 제프루아에게도 등을 돌린 것이 아니었을까?

꿈

〈꿈〉, 비토리오 마테오 코르코스, 1896, 유채/캔버스, 160×135cm,
로마국립현대미술관, 이탈리아

그림 속 여성은 정열적이고 도발적으로 보인다. 다리를 꼰 자세가 특히 그렇다. 그래서 1896년 피렌체에서 열린 국제미술전람회에 이 작품이 출품되자 논란이 불거졌다.

그녀가 들고 온 세 권의 책을 벌써 읽었는지, 아니면 아직 읽지 않았는지 알 수는 없지만, 표정으로 봐서는 방금 읽고서 턱을 괸 채 생각에 잠긴 듯하다. 어쩌면 아예 책에는 관심도 없이 그냥 의자 위에 둔 것인지도 모른다. 강력한 몸짓과 시선은 이른바 벨 에포크(Belle Époque)*의 가장 상징적인 이미지가 되었는데, 황금빛 꿈과 미묘한 불안 사이에 떠 있는 듯한 분위기를 잘 표현하여 제목이 '꿈'이 된 것 아닐까?

그림 속 여성은 화가의 친구이자 모험소설가인 잭 라 볼리나(Jack La Bolina)라는 가명의 작가인 아우구스토 베키(Augusto Vecchi)의 딸인 엘레나 베키(Elena Vecchi)다. 코르코스는 모딜리아니처럼 유대인이었다. 그러나 35세로 가난 속에서 죽은 모딜리아니와 달리 코르코스(Vittorio Matteo Corcos, 1859~1933)는 화가로서는 보기 드물게 부귀영화를 누리며 74세까지 장수했다. 그러나 예술가로서는 거의 무명으로 생을 마쳤다. 그는 왕들과 귀족, 특히 귀부인들의 초상화를 여럿 그렸다.

그림에 나오는 노란색 표지의 책 세 권을 프랑스 고전작가들이 쓴 소설로 보는 견해도 있고, 에밀 졸라의 소설로 보는 견해도 있다. 그중 하나는 볼테르의 『캉디드』다. '순진한' '순박한'이란 뜻을 가진 이름의 캉디드가 여러 나라를 돌아다니며 수많은 모험을 한 뒤에 돌아와 "우리는 정원을 가꾸어야 한다."고 말하는 것으로 끝나는 소설 말이다. 졸라의 소설이라고 보는 견해는 그의 작품 중 특히 유명한 『목로주점 L'Assommoir』(1877)** 『나나』 그리고 『제르미날 Germinal』

---

* 주로 19세기 말부터 제1차 세계 대전 발발(1914년)까지 프랑스가 사회·경제·기술·정치적 발전으로 번성했던 시대를 일컬을 때 회고적으로 사용하는 표현이다.

** 《루공 마카르》 총서의 제7권. 부도덕하고 외설적이라는 강렬한 비난이 있었으나 처음으로 졸라의 우수한 재능을 인정받은 작품이다. 흔히 자연주의 문학을 확립하여 전성기를 연 작품으로 평가된다. 주인공 제르베즈는 애인 랑티에와 파리에 나오자 곧 그녀를 버린다. 제르베즈는 두 아들을 먹여

(1885)*을 꼽곤 한다. 그중 그림의 여인은 『나나』를 연상하게 한다. 파리의 신인 여배우 '나나'가 타고난 육체적 매력으로 파리 상류사회 남자들을 매혹해 차례로 파멸시킨다는 소설의 주인공 말이다. 나나 자신과 나나 주변의 인물들이 파멸해가는 과정을 통해 졸라는 나폴레옹 3세의 집권에서 시작되어 보불전쟁의 패배로 막을 내리는 '제2제정기'라는 한 시대의 몰락을 상징적으로 보여주었다.

살리느라 빨래하는 일을 해나가다가 양철장이 쿠포의 구혼으로 결혼한다. 맞벌이를 하면서 즐겁게 지내던 중 남편이 지붕에서 떨어져 큰 상처를 입고 그로 인해 음주벽이 생겨 비뚤어지면서 가세도 기운다. 남편은 알코올 중독으로 미쳐서 죽고 아내도 아사(餓死)한다. 파리의 비참한 직공들의 희로애락을 잘 묘사한 걸작이다.

* 《루공 마카르》 총서 13권. 졸라는 전부터 정치적 민중봉기의 모습을 쓰고 싶어 했고, 20세기 최대의 문제가 될 노사(勞使)분쟁을 쓰려고 했다. 그리하여 1884년 북프랑스 앙장 탄광의 스트라이크를 직접 돌아본 뒤에 이 대작을 썼다. 주인공 에티엔느 랑티에는 실업(失業)으로 북프랑스의 몽수 탄광에 가서 갱부(坑夫)로 취직하고 비참한 생활을 하다가 지도자가 되어 파업을 일으켜 군대의 처참한 탄압을 받는다. 그때 러시아인으로 망명한 아나키스트가 수도(水道)를 파괴하여 갱(坑)은 순식간에 수몰(水沒)한다. 에티엔느는 살아났지만 애인 카트리느는 그 속에서 죽는다. 군중 서사시적인 장대한 소설로 앙드레 지드는 이것을 졸라의 최고 걸작이라 평하였다.

제6장

20세기

매음굴의 크리스마스

〈매음굴의 크리스마스〉, 에드워드 뭉크, 1903~1904, 캔버스에 오일,
60×88cm, 뭉크 미술관, 오슬로

　매음굴의 마담이 독서를 한다. 구석의 탁자 뒤에는 술에 취한 남자
가 쓰러져 있다. 이 그림을 그릴 무렵 뭉크(Edvard Munch, 1863~1944)
는 불안에 시달렸고, 이를 술로 달래려 했다. 뤼벡(Lübeck)에 있던 매
춘업소를 찾았던 것도 같은 맥락일 것이다.

　매춘업소에서 일하는 소녀들이 막 크리스마스트리 장식을 마친 듯하다. '가벼우면서도 우울'하다. '아이러니하고 감정적으로 불경스러운' 이 그림은 린데의 상류층 가정(당시 뭉크가 머물던 곳)과 뭉크 자신의 '경건주의적인 가정 배경'에 대한 비판으로 해석된다.

이 작품은 그 시대 그가 그렸던 다른 그림과 마찬가지로 뭉크와 야수파의 연관성을 보여준다. 매춘은 뭉크가 가장 좋아하는 주제였고, 뒤에 그린 '초록 방' 연작에 영감을 주었다. 대중에게 〈절규〉의 화가로 각인된 에드바르 뭉크는 노르웨이의 화가로 사랑, 불안, 질투, 배신과 같은 깊은 감정을 담은 주제로 그림을 그렸다.

마담이 읽고 있는 소설은 무엇일까? 입센(Henrik Johan Ibsen, 1828~1906)의 『인형의 집A Doll's House』(1879)일까? 함순(Knut Hamsun, 1859~1952)*의 『굶주림Sult』(1890)일까? 그림의 마담은 굶주림에 허덕이다가 창녀가 되었을까?

소설의 주인공은 남자다. 그는 천재적이지만 가난한 생활에 굶주린 시인이다. 영양실조 때문에 몽유병자처럼 거리를 돌아다니면서 행인들에게 기묘한 말을 한다. 누군가를 미워했다가 갑자기 상냥스러워졌다가 또는 화를 내기도 한다. 배고픔을 도저히 견딜 수 없는 지경에 이른 그는 모든 희망을 버리고 우연한 기회에 러시아 화물선에 고용되어 고향을 등진다. 시인은 15세 때부터 행상, 날품팔이, 점원, 농장 심부름꾼, 석공, 제화공, 목수, 가정교사 등 온갖 직업을 전전하며 기아에 허덕였던 작가의 자화상이기도 하다.

---

* 노르웨이의 소설가. 미국으로 건너가 농장 노동자, 판매원 등으로 생활하며 마크 트웨인의 소설을 접했고, 미니애폴리스에서 미국 무정부주의와도 교류하였다. 1888년 귀국하여 코펜하겐에 정착, 1890년에 소설 『굶주림』을 발표했다. 1899년 핀란드, 러시아, 조지아와 튀르키예 일대를 여행하고 이때의 경험을 바탕으로 연극 〈여왕 타마라〉를 썼다. 1920년 노벨문학상을 수상했다.

지금 마담은 다음 구절을 읽으며 자신의 기아(飢餓)를 떠올릴지도 모른다. "그저 조금이라도 입 안에 넣을 빵이 있다면! 길거리를 걸어 다니면서 깨물어 먹을 수 있는 그 맛있는 호밀빵 말이다. 그래서 나는 먹었으면 좋았을 특별한 호밀빵 종류를 자세하게 머릿속에 그려 보았다. 잔인하도록 배가 고팠다."*

* 크누트 함순 지음, 우종길 옮김, 『굶주림』, 창, 2011, 88쪽.

파란 방에 있는 화가의 어머니

〈파란 방에 있는 화가의 어머니〉, 안나 앵커, 1909, 캔버스에 오일,
38.8×56.8cm, 덴마크 국립 미술관, 코펜하겐

　다양한 푸른 빛 음영, 창문을 통해 쏟아지는 햇빛, 책을 읽는 노부
인. 이 그림은 앵커의 작품 가운데 가장 눈에 띄는 것 중 하나다. 그
녀는 파란 방에 있는 어머니와 함께 딸을 그리기도 했다. 절제된 추
상적인 형태와 대담한 색상 표현 같은 현대적인 방식을 구사한 그녀
는 같은 세대 중 가장 혁신적인 화가로 꼽힌다. 따뜻하고도 명징하게

공간을 지배하는 빛의 유희 속에서 어머니는 경건하게 독서 중이다. 이 빛은 이 공간 너머에 외부 세계가 존재한다는 유일한 표시이기도 하다.

어머니가 읽는 책은 키르케고르(Søren Aabye Kierkegaard, 1813~1855)의 책일 수 있다. 키르케고르는 당시 덴마크와 독일의 주류 기독교 신앙이었던 루터파 교회를 혹독하게 비판하였다. 그래서 "성경은 이해하기 매우 쉽다. 그러나 우리 그리스도인들은 계획적인 사기꾼들이다. 우리는 그것을 이해하는 순간 그에 따라 행동할 의무가 있다는 것을 너무나 잘 알고 있기에 이해하지 못하는 척한다."라고 말했다. 기성 교회의 전통, 권위, 성사들을 정면으로 거부하고 오직 '신 앞에 선 단독자'에 주목하는 그의 개인주의 때문에 살아생전에는 전혀 인정받지 못했다. 그러다가 앵커가 이 그림을 그린 1909년에 와서야 키르케고르의 전집이 출판되었다. 그 뒤 그는 실존주의의 아버지로 불렸다.

안나 앵커(Anna Ancher, 1859~1935)는 19세기 말과 20세기 초에 덴마크 유틀란트 북부의 어촌마을인 스카겐에서 활동한 스카겐 화가들(Skagen Painters) 공동체의 일원이었다. 그들은 1870년대 후반부터 매년 여름 유틀란트(Jutland) 북쪽 극북의 스카겐에 모여 현지 어부들과 함께 축제를 벌인 모습을 화폭에 담았다. 앵커는 지역 여관 주인의 딸로 유일한 지역 출신이었다.

여관에서 여름을 보낸 예술가들의 작품에서 영감을 받은 그녀는 여성이 덴마크 왕립 미술 아카데미에 입학할 수 없었던 시기에 그림을 직업으로 삼기로 결심한다. 그 후 코펜하겐과 파리에서 공부하고 돌아와 1880년 스카겐에서 활동하던 화가 미카엘 앵커와 결혼하여 정착한다. 현지 어부들과 야외에서 포착한 풍경을 그린 다른 화가들과 달리 앵커는 주로 친구와 가족을 주인공으로 삼은 실내 초상화를 즐겨 그렸다.

버지니아 울프

〈버지니아 울프〉, 버네사 벨, 1912, 국립초상화미술관, 런던

    그림 속 버지니아 울프(Virginia Woolf, 1882~1941)는 1912년 결혼
하면서 공무원 남편에게 직장을 그만두고 자신의 창작활동을 돕고
성관계를 하지 않아야 한다는 조건을 내건다. 그렇게 결혼생활을 한
4년 뒤 울프는 『출향』을 출판한다. 이듬해 남편은 지하실에 출판사
를 차려 아내의 작품을 전문적으로 출간한다. 두 사람은 런던에서 기

차로 한 시간 걸리는 서섹스주 로드멜에 널따란 정원이 딸린 집을 사 그곳에 기거했다.

지금 그녀는 무엇을 읽고 있을까? 울프가 헨리 데이비드 소로 (Henry David Thoreau, 1817~1862)를 좋아했다는 것은 그다지 알려진 사실이 아니다. 1917년 에세이에서 그녀는 "수백만 명이 육체적 노동을 할 만큼 깨어있지만, 수억 중 단 한 명만이 시적이거나 신성한 삶을 살아갈 수 있을 만큼 깨어있다. 깨어있다는 것은 살아 있다는 것이다."라는 소로의 말을 찬양했다.

소로와 울프는 단단하고 보석 같은 불꽃으로 항상 타오르는 '순간'을 포착하는 것을 목표로 삼았다. 울프는 특히 "영혼의 섬세하고 복잡한 구조를 자유롭게 하는 방법"을 탐색한 소로의 '단순함'을 찬양했다. 소로와 마찬가지로 울프도 마음이 세상을 진정으로 숙고하고 이해할 수 있도록 자유롭게 해주는 것은 "침묵"이라고 믿었다.

『자기만의 방A Room of One's Own』(1929)에서 울프는 여성이 돈과 방, 즉 경제적 지위나 글을 쓸 독립적 공간을 갖지 못한 탓에 글을 쓸 기회를 처음부터 박탈당했다고 주장한다. 지적인 자유가 물질에 좌우된다고 보았다는 점에서 그녀는 사회주의자였다. 그리고 『3기니』에서는 "전쟁은 가부장제의 맹점인 권력욕이 극도로 발현된 혐오스럽고 야만적인 결과"라고 하면서 그러한 가부장적 권력이 자본주의나 제국주의, 파시즘과 결탁된다고 강력하게 비판한다.

울프가 도스토옙스키를 비판한 것도 그가 러시아제국의 독재를 지지한 우익이었기 때문이다. 울프는 톨스토이와 함께 소로를 좋아했다. 그녀는 여성의 권리가 거의 인정되지 않던 시절에 열렬한 페미니스트였고, 국수주의가 성행하던 시절에 반식민주의자였으며, 반제국주의자이자 평화주의자였다.

버네사 벨(Vanessa Bell, 1879~1961)은 버지니아 울프의 언니로 유명하지만, 그녀 자신도 화가로 유명하다. 지적인 부모가 사망한 후 22세의 장녀인 벨은 블룸즈버리로 이사하여 화가, 작가 등 여러 지식인을 만나 사교 활동을 시작한다.

그녀는 상대에게 정조 의무를 지지 않는 공개 결혼을 선언한 것으로도 유명하다. 자매는 평생 연인을 사귀었다. 버네사는 연인이었던 미술평론가 로저 프라이(Roger Fry)가 주최한 후기 인상주의 전시회에 고무되어 그들의 밝은 색상과 대담한 형태를 자기 작품에 반영했고, 1914년에는 추상파로 전환했다. 벨은 빅토리아 시대 내러티브 회화*를 거부했으며, 여성성의 이상적이고 일탈적인 특성에 대한 담론도 거부했다.

* 이야기나 역사적 사건을 전달하는 것이 주목적인 미술로 '이야기 미술'(story art)이라고도 한다. 구체적으로 역사적 사건, 신화, 전설, 일상적 이야기의 특정한 장면들을 회화, 두루마리 그림, 부조, 스테인드글라스 등을 통해 설명적으로 상세히 시각화한 것을 의미한다.

붉은 모자의 부인

〈붉은 모자의 부인〉, 윌리엄 스트랭, 1918, 캔버스에 유채, 102.9×77.5cm,
캘빈그로브 미술관 및 박물관, 글래스고

　강렬한 색감의 의상과 위풍당당한 포즈가 여성의 화려한 개성을
생생하게 전달한다. 화가는 팔꿈치를 쭉 뻗어 자신감 넘치는 포즈를
취한 그녀의 캐릭터를 정확하게 파악하여 포착했다. 스타일리시하
고, 당당하며, 독립적인 사상을 지닌 당대의 새로운 여성상의 전형이
다. 그녀가 손에 든 책은 무엇일까? 울스턴크래프트의 『여성의 권리

옹호』일까?

초상화 속 여인은 유명한 작가이자 정원사인 비타 색빌웨스트(Vita Sackville-West, 1892~1962)로 그림은 그녀가 26세였을 때의 모습을 그린 것이다. 5년 전부터의 공개 결혼(open marriage)*을 막 끝낼 무렵이다. 그녀가 쓴 첫 번째 소설은 이듬해에 출판되었는데, 나중에 그녀는 버지니아 울프의 연인이자 유명한 정원 디자이너가 되어 당시의 점잖은 에드워드 왕조 영국 사회에 충격을 주었다. 색빌웨스트는 소설 『에드워드 시대 사람들The Edwardians』과 켄트의 시싱허스트 성(Sissinghurst Castle)에 만든 정원으로 유명하다.

버지니아 울프와 버네사 벨처럼 그녀 역시 블룸즈버리(Bloomsbury) 그룹의 일원이었다. 버지니아 울프와 1922년부터 10년간 맺어온 레즈비언 관계는 후일 『올랜도Orlando: A Biography』(1928)**에서 불멸화되었다. 평화에 대한 견해 차이로 두 사람은 결국 연인 관계를 청산했지만, 죽을 때까지 친구로 지냈다.

당대에는 울프보다 더 유명한 작가였던 색빌웨스트의 작품은 최근 우리말로 여럿 번역되었다. 88세의 여인이 자기만의 삶을 되찾는 이야기인 『사라진 모든 열정All Passion Spent』은 2023년 세 출판사에서 동시에 나왔고, 울프와의 서간집과 두 사람의 평전도 나왔다.

스코틀랜드 태생의 윌리엄 스트랭(William Strang, 1859~1921)은 초기에는 동판화가로 유명했으나 1900년 이후 유화에 집중하기 시작하

---

* 서로가 상대방에게 성적인 자유를 인정하는 결혼을 의미한다.
** 버지니아 울프의 대표작. 삶이란 무엇인가, 진정한 삶은 어떻게 표현되어야 하는기외 같은 문제를 다룬 작품으로 자그마치 3세기에 걸쳐 전개되는 소설이다. 주인공인 올랜도는 귀족이자 시인으로 16세기 영국에서는 26세의 미소년으로, 17세기 말경인 30세에 여자로 성이 바뀐다. 여성으로서 300여 년간 살다가 1928년에 36세의 올랜도로서 이야기는 막을 내린다.

였고 특히 초상화 분야에서 큰 성공을 거두었다. 비타 색빌웨스트는 그를 위해 모델로 앉아 있었던 그 시대의 몇몇 저명한 인물 중 한 명이었다.

소중한 책

〈소중한 책〉, 그웬 존, 1918~1926년경, 유화/캔버스/판, 26.4×21cm,
개인 소장

가냘픈 소녀가 책을 읽고 있다. 손바닥 위에 흰 수건을 펼치고 그 위에 책을 얹은 모습이 사뭇 성스럽기까지 하다. 소녀가 읽고 있는 책이 혹시 앙드레 지드(André Gide, 1869~1951)*의 『좁은 문La Porte

* 갈등을 겪는 영혼의 불안을 대담한 기법으로 세밀하게 묘사하여 심리 소설을 개척하였다. 《엔에르

Étroite』(1909)*은 아닐까? 소녀의 모습이 지상의 행복이 아니라 천상의 성스러움을 추구했던 알리사처럼 보이기 때문에 이런 상상을 한 것일까?

그웬 존(Gwendolen Mary John, 1876~1939)은 웨일스 출신 화가였다. 로댕의 마지막 연인이자 '우울과 고독의 명상가'라는 평판으로 유명하지만, 생전에는 거의 무명이었다. 아마추어 화가였던 어머니의 영향으로 어려서부터 그림을 그렸으나 어머니는 그웬 존이 여덟 살 때 세상을 떠났다.

그웬 존은 남동생 오거스트 존과 함께 런던에 있는 미술학교에 들어가 3년간 정식으로 그림을 배웠다. 이후 남매는 예술의 수도 파리로 건너가서 미술 교육을 받았다. 런던과 파리를 오가던 남매는 결국 파리에 정착하는데, 두 사람 중 두각을 드러낸 건 남동생이었다.

그웬 존은 파리에서 마티스, 피카소, 브랑쿠시, 릴케와 교류했고 로댕을 만났다. 1904년 두 사람이 처음 만났을 때 그웬 존은 29세였고, 로댕은 63세였다. 로댕이 클로델과의 전쟁 같은 사랑을 끝낸 지 한참 지난 후였다. 로댕은 그웬 존을 모델로 조각 작품을 만들었다.

그웬 존은 클로델처럼 사랑을 쟁취하기 위해 싸우지 않았다. 로댕에게 마음을 담은 편지를 2천 통 넘게 보내는 게 고작이었다. 로댕은 답장하기는커녕 편지를 거들떠보지도 않았다. 그렇게 십 년을 흘려보냈다.

에프지(NRF誌)를 창간하여 젊은 지성을 길렀으며, 1947년에 노벨문학상을 받았다.

* 줄리엣과 알리사 자매는 사촌 남동생 제롬을 동시에 사랑하다가 줄리엣은 제롬을 알리사에게 양보하고 알리사는 남녀 간의 육체적 사랑과 하느님 밑에서 영혼이 합일된 승화된 경지 사이에서 고민하다가 마침내 수도원으로 도피하여 죽는다는 비극적인 내용. 좁은 문으로 표상되는 종교적 도덕의 추구 속에서 이루어지는 현실에서의 고민과 비련을 그린 작품이다.

그러던 어느 날, 1910년, 그웬 존은 로댕의 집 근처인 파리 근교 망동(Mendon)으로 거처를 옮겼고, 1913년부터는 가톨릭에 귀의하여 은둔자의 삶을 시작한다. 주로 의자에 앉아 있는 여성의 내면에 요동치는 삶의 열망을 그렸다. 모델은 시골 성당 수녀, 동네의 여자들, 그리고 자기 자신이었다. 그림 속 여성들은 고양이를 쓰다듬거나 책을 읽고 있다. 가만히 무언가를 응시하는 여성도 있다. 이 그림들은 모두 차분하고, 온화하고, 은은하다. 그리고 마지막엔 보는 사람에게 은은한 처연함을 남긴다.

1926년 오랜 친구 릴케의 죽음으로 심란해진 그녀는 이웃인 신 토미즘 철학자 자크 마리탱(Jacques Maritain, 1882~1973)을 만나 종교적 지도를 구했고, 마리탱의 처제인 베라 오만코프(Véra Oumançoff)를 만나 1930년까지 사랑을 나누었다. 1939년 홀로 세상을 떠나기 전까지 명상하듯 지내며 그림을 그렸다. 유화 158점을 남겼는데 대부분 가로세로가 24인치를 넘지 않는 작은 그림들이다.

줄무늬 담요와 누드

〈줄무늬 담요와 누드〉, 수잔 발라동, 1922, 캔버스에 유채, 81×100cm,
파리 시립 근대미술관

그림의 여자는 소녀나 처녀처럼 보이지만, 사실은 57세의 화가가
자신을 그린 것이다. 줄무늬 담요가 펼쳐진 침대는 언뜻 산뜻하게 보
이지만 실은 그녀가 노동자 계급이고 극도로 가난하다는 것을 드러
낸다.

다 상관없다. 그녀는 자기 모습을 자랑스럽게 묘사한다. 검은색 머

리를 깔끔하게 뒤로 넘겨 묶었고, 책을 읽는 모습은 차분하기 그지없다. 그녀가 읽는 책은 무엇일까? 콜레트(Sidonie-Gabrielle Colette, 1873~1954)*의 『셰리Chéri』(1920)가 아닐까? 49세의 은퇴한 창녀와 25세의 청년의 불륜 이야기는 지금이야 새로울 게 없지만 20세기 초엽 프랑스에서는 충격 그 자체였다. 발라동은 젊었을 때 니체의 『도덕의 계보Zur Genealogie der Moral』(1887)**나 보들레르의 『악의 꽃 Les Fleurs du mal』(1857)***을 비롯한 많은 책을 읽었다.

수잔 발라동(Suzanne Valadon, 1865~1938)은 재봉사이자 청소부의 사생아로 태어났다. 바느질, 화환 만들기, 채소가게 판매원, 웨이트리스, 주방 설거지, 마구간 일 등 여러 곳에서 다양한 노동을 하다가 르누아르와 로트렉을 비롯한 여러 화가의 모델 노릇을 하면서 곁눈질로 그림을 배운다.

자신과 마찬가지로 18세에 낳은 사생아 아들이 바로 훗날 화가가 된 모리스 위트릴로(Maurice Utrillo, 1883~1955)다. 발라동은 작곡가 에릭 사티를 비롯한 많은 남성과 자유로운 사랑을 나누었다.

발라동은 보헤미안으로 살면서 그림을 그렸다. 메리 카사트(Mary Stevenson Cassatt, 1844~1926)****나 베르트 모리조(Berthe Morisot,

---

* 프랑스 국내외를 막론하고 가장 유명한 불문학 소설가 중 한 명이다. 1948년 노벨문학상 후보에 올랐고, 프랑스에서 국장을 치른 두 번째 여성이다. 소녀 시절의 회상을 엮은 일련의 소설 『클로딘 이야기』(1900-1903)로 데뷔하여, 『푸른 보리』(1923), 『암고양이』(1933), 『지지』(1943) 등을 발표하여 상드 이후의 문학가라는 영예를 얻었다. 최대의 걸작은 연상의 여성과 수려한 외모의 젊은 정부(情夫)와의 애욕을 묘사한 『셰리』(1920)이다.

** 선악 개념에 대한 역사적 비평이자 기독교 도덕을 비판한 책. 현대 도덕이 약자의 원한과 권력 억제에서 비롯된 노예 도덕의 산물임을 분석하고 비판했다.

*** 인간 존재의 어두운 면, 내면의 고통과 아름다움, 그리고 도덕적 타락을 주제로 한 시집이다.

**** 미국의 화가이자 판화 제작자. 인생의 대부분을 프랑스에서 보냈는데, 그곳에서 에드가 드가

1841~1895)[*] 같은 여성 화가들이 특권층 출신으로 본인의 누드를 그리지 않은 것과 달리 발라동은 자신의 누드를 즐겨 그렸다. 노동계급을 즐겨 다루었다는 점에서도 중상류층을 주로 그린 모리조나 카사트와는 다르다.[**] 흔히 '정통'이라 불리는 미술 교육을 받지 못해 전통과 관습의 영향을 받지 않았다는 점도 다르다.

발라동은 지나치게 섹슈얼화되지 않은 이상적이고 개성적인 여성을 사실적으로 묘사함으로써 계급의 함정과 성적 매력을 강조했고, 이로써 전형적인 여성 묘사에 저항했다.

를 만나 친분을 쌓게 되고, 이후 인상파 화가들과 함께 전시회에 참여한다. 그녀의 작품 대다수는 여성의 사회적이고 개인적인 일상생활을 담고 있으며, 어머니와 자식들, 특히 모녀를 주제로 한 작품을 많이 그렸다.

* 파리에서 활동한 인상주의 그룹의 일원인 프랑스 화가. 파리 살롱전에서 6번 연속으로 당선되었고, 1874년부터 인상주의 전시에 참여하여 활동하였다. 에두아르 마네의 동생 외젠 마네와 결혼했다.

** 발라동은 소외 계층의 사람들을 모델로 삼는, 당시로서는 특이했던 모델링을 통해 현대 남성이 주류가 되어 지배했던 예술 영역으로 진입할 수 있었다.

코담배 한 줌

〈코담배 한 줌(랍비)〉, 마르크 샤갈, 1923~1926, 캔버스에 유채,
116.7×89.2cm, 바젤 미술관, 스위스

유대교 성직자인 랍비가 책을 읽다가 코담배를 피우고 있다. 보통
은 미세하게 갈린 담뱃가루를 손등 위에 올려놓고 코로 맡으며 피우
는데, 이 그림에서는 손가락으로 코에 대고 피우는 것 같다. 노란색
과 녹색 배경에 검은색 옷과 인물에 중점을 둔 이 작품은 거꾸로 된
서명만큼이나 수수께끼 같은 분위기를 풍긴다. 그가 읽고 있는 책은

아마도 『토라』나 『탈무드』 같은 유대교 경전일지 모른다.

마르크 샤갈(Marc Chagall, 1887~1985) 그림의 몽환적인 구성은 예술가의 개인 및 가족 역사, 그리고 전반적으로 동유럽 유대인 민속을 묘사한다. 따라서 그의 그림에는 날아다니는 인물, 유대 전통 요소, 농민 생활, 동물 등이 자주 등장한다. 남녀의 사랑과 생명력을 찬양하는 환상 또는 신화의 화가로 알려진 샤갈의 삶은 박해와 전쟁과 혁명으로 점철된 고뇌의 연속이었다. 그 모든 경험이 그의 그림 속에 배어 있다. 모든 색 중에서 특히 청색을 잘 표현하기로 유명하고, 흔히 '색채의 마술사'로 알려져 있다.

그는 지금은 구소련에서 독립한 백러시아(벨라루스)에서 태어났다. 부모는 학교 공부를 하지 못한 노동자였으나 경건한 신앙인이었다. 그의 고향은 빈곤한 유대인 마을로서 동물과 동거하는 특이한 곳이었는데, 그러한 추억이 작품에 줄곧 등장한다. 즉 그의 그림은 유대인 고향의 추억인 동시에 러시아적 신비의 그림자였다.

샤갈과 쌍벽을 이루는 칸딘스키는 추상화에서 신비한 그리스정교의 영적 요소를 유감없이 표현하여 미술사에서 추상파를 형성한다. 샤갈의 유대교는 정통 유대교인 러시아 하시드파*로서 그의 그림에 등장하는 신화, 신앙, 기적, 계시를 특히 강조하는 것으로 유명하다.

샤갈의 정신적 유산이 꽃핀 곳은 그러나 러시아도 이스라엘도 아닌 파리였다. 파리에서 그는 원시적이고도 어린아이와 같은 '순수'를 현대적 문맥으로 해석하여 그렸다. 러시아나 동부유럽, 멕시코나 일

---

* 하시드는 그리스어로 '경건한'이라는 뜻이다. 하시드파는 율법(律法)의 내면성을 존중하는 경건주의파로 정통파로부터는 이단시되었고, 지식 계층에게는 미신이라고 경시되었다.

본에서 몰려온 화가들이 굶주림 속에서도 함께 뒹굴며 걸작을 남길 수 있었던 것은 그들이 있던 곳이 자유로운 파리였기 때문이다. 특히 반 고흐의 영향은 절대적이었다.

샤갈은 마티스의 순수한 색조와 피카소의 비원근법, 화면의 재구성을 종합하여 꿈과 기억이 부여하는 독자적인 이미지를 보여준다. 그러나 백미는 유대의 범신론이 보여주는 신비주의, 바로 환상이다. 샤갈이 레제나 피카소처럼 평생 사회주의자로 살았다는 점은 우리에게 거의 알려지지 않았지만, 샤갈의 환상적 순수는 사회주의와 그리 멀지 않다.

독서

〈독서〉, 페르낭 레제, 1924, 유채/캔버스, 국립현대미술관, 파리

'이제는 노동자들의 독서 시대'라고 이 그림은 선언한다. 아직은 노동자들이 느긋하게 독서할 만큼 여유롭지 못하지만, 앞으로는 반드시 그래야 한다고 이 그림은 선언한다.

노동자들이 눈치 보지 않고 독서하려면 일단 노동시간이 단축되어야 한다. 충분한 휴식과 휴가도 주어져야 한다. 제1차 세계대전이 끝

난 뒤 그런 요구가 여기저기서 터져 나왔다. 그러니 두 사람의 노동
자가 들고 있는 붉은 책이 어쩌면 카를 마르크스와 프리드리히 엥겔
스가 쓴 『공산당 선언』일지도 모르는 일 아닐까?

이 그림을 그린 페르낭 레제(Fernand Léger, 1881~1955)는 사회주의
자였다. 그에 의하면 예술가란 사회적 불평등으로 수많은 대중이 희
생당하는 현실을 바로잡기 위해 노력해야 한다. 그러나 휴머니스트
이자 평화주의자이지 폭력주의자는 아니었고, 예술을 이념에 종속시
키는 사회적 리얼리즘을 거부했다. 물론 극우 파시스트도 싫어했다.

레제는 가난한 시골의 낙농 노동자 출신으로서 건축노동자로 살다
가 1910년경부터 큐비즘* 운동에 적극적으로 참여했다. 시골 사람답
게 서민을 사랑했으며 예술은 그들을 위해 알기 쉽고 재미있어야 한
다고 생각한 그는 처음부터 자연이나 빛에는 관심을 두지 않았다. 그
는 자신이 사는 시대를 기꺼이 즐겁게 누리고자 했고, "나는 나의 시
대의 증인이다."라고 말했다.

소박함은 골격이 큰 조형감각으로 표현되고 견고한 구성으로 창
조되었다. 신체는 자유롭게 변화되고 표정이나 음영도 대담하게 단
순화되며 명쾌하게 처리되었다. 건강한 서민상을 찬양하며 간결하고
명확하게, 또 힘찬 터치로 그렸다. 레제는 노동자들에 대한 희망을
열렬히 예찬한 사람이다. 그의 그림에 노동자들의 씩씩한 모습과 단
순미가 강조되어 나타나는 것은 그 같은 배경 때문이다.

* 큐비즘은 20세기 초 파블로 피카소와 조르주 브라크에 의해 창시된 미술 운동이다. 이 운동은 사
물과 인물을 기하학적 형태로 분해하고, 여러 시점에서 본 이미지를 하나의 화면에 동시에 표현하는
것이 특징이다. 큐비즘은 초기(1907~1912)와 후기(1912~1914)로 나뉘는데, 후기에는 콜라주 기법
과 같은 새로운 표현 방식이 도입되었다. 전통적 원근법과 사실주의를 부정하고 새로운 시각적 언어
를 창조함으로써 현대 미술의 발전에 크게 이바지했다.

일요일 오후

〈일요일 오후〉, 프레드 골드버그, 1930, 유채/판, 97.5×133.5cm,
칼스루에 주립미술관

　뚱뚱한 부르주아 중년 부부가 일요일 오후 소풍을 나왔다. 남편은
신문을 읽다가 내팽개치고 화가 나는 듯 아래를 내려다본다. 신문은
베를린의 〈디 그뤼네 포스트Die Grüne Post〉이다. 반면 부인은 소설
에 빠져 있다. 설마 『나의 투쟁Mein Kampf』(1925)은 아니겠지? 아니
다, 1925년에서 1927년 사이에 두 권으로 나온 그 책은 제2차 세계대

전이 일어나기 전 독일에서 이미 500만 부가 팔렸고 1930년에도 베스트셀러였으니, 그림에 나온 우익 부르주아 부인도 충분히 읽을 수 있는 일이다.

독일 태생의 유대인 예술가 프레드 골드버그(Fred Fredden Goldberg, 1889~1973)는 1938년 나치의 박해를 피해 파리를 거쳐 상하이 유대인 게토에서 살아남았다. 1946년 제2차 세계대전 이후 미국으로 이주하여 샌프란시스코에 정착했고, 독학으로 그림을 그렸다. 골드버그는 1920년대 독일에서 주관적인 표현주의에 대한 격심한 반발에서 발생한 신즉물주의(Neue Sachlichkeit)*에 속했다.

---

* 제1차 세계대전 후의 사회적·정치적 현실을 반영한 사실주의적 표현이 특징이다. 전후 독일의 현실을 사실적으로 묘사하며, 감정이나 주관적 해석을 배제하고, 객관적인 시각을 유지했다. 특히 전쟁의 참상과 부패, 사회적 불평등 등을 강력하게 비판했는데, 대표 작가로 조지 그로스, 오토 딕스, 막스 베크만 등이 있다. 신즉물주의는 이후의 사회적 리얼리즘 운동과 포스트모던 예술에 지대한 영향을 미쳤다.

책 읽는 수사들 Ⅲ

〈책 읽는 수사들 Ⅲ〉에른스트 바클라흐, 1932, 오크 나무, 84×60cm, 구
국립 미술관, 베를린

두 명의 수사가 앉아서 무릎에 펼쳐놓은 책을 조용히 읽고 있다.
함께 찬송가집을 보면서 노래하는 경우가 아니라면 수사들은 대부분
혼자서 책을 읽거나 기도한다. 따라서 이 조각에서 묘사된 것처럼 함
께 책을 읽는 경우란 거의 있을 수 없다. 서양미술사에서 이처럼 두
사람의 수도사가 함께 독서하는 모습으로 조각되는 것은 물론 그림

으로 그려지는 경우도 거의 없다.

20세기 독일의 조각가이자 극작가인 에른스트 바를라흐(Ernst Barlach, 1870~1938)는 이미 1921년부터 독서하는 사제나 학생의 모습들을 조각했다. 마흔 살이 넘어 제1차 세계대전에 자원입대했으나 전쟁의 참상에 절망하여 반전주의자로 돌아선 그는 지상의 권력이나 가치에 종속함으로써 생겨나는 시대의 병폐를 비판하고, '인간에게 내재하는 신'을 탐구했다. 그 하나가 영혼의 거울이라는 독서하는 사람들의 모습이다.

그들은 곰곰이 생각하며 책을 읽고 있다. 매우 집중해서 읽고 있다. 그러나 비판적으로 읽는 것 같다. 자신이 무엇을 읽고 있는지 항상 알고 있다. 그리고 언제든지 책을 덮고 일어나서 그 책에 반하는 세상을 향해 옳은 일을 할 수 있는 사람처럼 보인다. 그에게 독서는 독립적인 생각을 갖게 하고, 그들의 이러한 자율성은 잘못된 국가나 사회에 대한 저항으로 나아가기 마련이다. 특히 그것이 전체주의 체제인 경우에 그렇다. 그런 체제하에서는 독서인이 중대한 위협으로 인식되기 마련 아닌가? 마찬가지로 작가는 소위 '퇴폐 예술가'로 낙인찍혀 엄청난 배척과 박해를 받았다.

이 나무 조각은 20세기에, 그것도 나치가 집권하는 1932년에 만들어졌다. 나치와 기독교의 관계는 복잡하지만, 적어도 나치에 저항하는 기독교의 일부 세력에 대해서는 그것이 독일 사회에 미치는 영향을 철저히 제한하고자 했다. 수사 두 사람이 한 권의 책을 읽는 모습은 그런 저항 공동체가 갖는 힘을 나타낸다.

이 조각에서 책은 성서로 여겨질 수도 있지만, 그 정체는 의도적으로 모호하게 처리되어 있다. 위험한 반체제의 책일 수도 있다. 나치가 집권한 1932년에 제작된 이 오크 목각 작품 외에도 같은 모습의 작품이 청동으로도 만들어졌다. 어느 작품에서나 작가의 창조력은 집중력과 내면화를 보여준다.

덧없는 일상에서 벗어나 고요한 독서 속에서 수사들은 인간 존재의 본질을 발견하고 평화를 찾았다. 독서를 통해 그들은 질문하고 분별하고 결론을 맺고 자신을 찾는다. 이 조각은 진부한 일상으로부터의 탈출을 보여주는 독서 예술의 전형이다. 수사들은 영적이고 명상적인 세계에서 성취를 추구한다. 바를라흐는 한마디로 '신을 찾는 사람'으로 집약된다. 그의 작품은 종교적 경험의 증언이다. 그러나 종교적 모티프를 다루고 있음에도 그의 관심은 기독교 전통이 아니라 오히려 인간 전반에 대한 것이다.

그는 목각과 청동 조각 외에 판화, 그림, 문학 등 다양한 분야의 작품을 남겼다. 1925년에는 뮌헨 미술 아카데미의 명예 회원이 되었으나 그의 작품 중 약 400점은 나치에 의해 '퇴폐 예술'로 선언되어 공공 소장품에서 제거되었다.

금지된 재현

〈금지된 재현〉, 르네 마그리트, 1937, 캔버스에 유채, 81.5×65cm,
보에이만스 판 뵈닝언, 로테르담

한 남자가 자기 얼굴을 보려고 거울을 들여다보고 있다. 그런데 보이는 것은 뒤통수뿐이다. 그의 옆 벽난로 선반 위에는 낡은 책이 한 권 놓여 있다. 19세기 미국의 소설가인 에드거 앨런 포(Edgar Allen Poe, 1809~1849)가 쓴 유일한 완결 소설 『낸터킷의 아서 고든 핌 이야기The Narrative of Arthur Gordan Pimm of Nantucket』(1838)의 불어

판이다. 책도, 크림빛이 도는 갈색 벽도, 대리석으로 만들어진 벽난로 선반도 거울에 보인다. 사람만 제대로 비치지 않는다.

매끄럽게 포마드를 바른 머리에 정장을 입은 인물은 에드워드 제임스(Edward James, 1907~1984)로, 20세기 영국의 시인이자 초현실주의 운동의 후원자였다. 부유한 집안에서 태어나 이튼과 옥스퍼드에서 교육받은 그는 1930년대에 초현실주의 운동에 가담했다.

제1차 세계대전 이후의 정치적 불확실성과 격변에서 나온 초현실주의는 서구 문명의 전통적인 정치적·종교적·부르주아적 가치를 비판하고 그것에 침식당하지 않은 잠재의식과 순수사고를 추구했다.

르네 마그리트(René Magritte, 1898~1967)는 벨기에의 초현실주의 화가다. 제임스가 의뢰한 이 그림은 마그리트가 제임스의 런던 집을 위해 그린 세 작품 중 하나이다. 제임스와 마그리트는 포의 작품을 무척 좋아했고, 특히 마그리트는 환상과 현실 사이의 관계에 대한 작가의 집착에 매료되어 있었다.

그림 속 소설은 남극을 탐험한 아서 고든 핌의 목격담을 담고 있다. 핌은 계속해서 자신이 이 책의 진정한 저자이며 '미스터 포'는 편집자일 뿐이라고 주장한다. 그의 걱정은 독자가 그의 여행기를 사실이 아닌 허구로 받아들일지 모른다는 것이다.

이 초상화는 포의 소설과 비슷한 현실 인식법을 활용했다. 둘 다 가려진 정체성에 기반하고 있으나 둘 다 현실이더라도 현실 같지 않은 시나리오라는 특징 말이다.

포의 소설이나 마그리트의 그림은 우리가 알고 있는 진실이라고 하는 것이 너무나 빨리 뒤집히고 무시된다는 점을 보여준다. 따라서 이 그림은 일종의 우화다. 어떤 것도 당연하고 확실하게 여기지 말라는 주장인지도 모른다. 우리는 거울이 무엇을 나타낸다고 미리 추측하지만, 우리가 기대하는 반응은 거부된다. 우리가 진실이라고 생각하는 것이 항상 진실이 아닐 수도 있으니까. 책도 마찬가지다. 책은 정말 영구적이고 객관적인 개체일까?

한 번 쓰이면 책 속의 단어는 바뀌지 않는다. 우리는 얼굴을 통해 개인을 안다. 그러므로 '영혼의 거울'이 숨겨져 있을 때 괴로움의 원인이 된다. 우리는 왜 그 얼굴이 우리에게 숨겨져 있는지 알고 싶다. 왜 우리는 그 얼굴을 보는 것이 허용되지 않을까? 얼굴을 가린 사람은 누구일까? 거기에 우리가 보지 말아야 할 것이 있을까? 화가는 이러한 질문에 절대 대답하지 않는다. 그러나 우리의 상식과 고정관념을 무너뜨려준 것만은 분명하다. 적어도 책을 비판적으로 읽어야 한다는 점을 포함하여.

나의 독서 경험

내가 태어나 초등학교를 다녔던 1960년대 면 소재지 시골에는 도서관이 없었다. 책을 볼 수 있는 곳은 주로 교과서를 파는 서점 하나뿐이었다. 교과서 외에는 참고서, 잡지와 함께 단행본들이 있었는데 대부분 동화였다. 학교를 오가며 그 서점에서 잡지나 동화책들을 조금씩 훔쳐보다가 몇 번이나 주인에게 쫓겨난 추억이 있다. 책값이 크게 비싸지 않았을 것 같은데도 사지 못했다. 동화책이나 위인전 등을 친구에게 빌려다 보았다.

중학교에 진학하기 위해 도 소재지에 와서 그곳에 유일한 도서관과 함께 몇 개의 서점, 그리고 책 대여점을 보게 되었다. 그러나 도서관이나 대여점이나 유료였고, 책을 사지 않으면 서점에 들어가기도 쉽지 않았다. 그래도 헌책방에는 매일 갔다. 가장 값싼 것은 나온 지 몇 년 된 잡지나 얇은 단행본이었다. 그 한 권을 사고는 주인 눈치를 살피면서 한두 시간 책들을 읽곤 했다. 그렇게 사 모은 책이 고교를 졸업했던 즈음엔 천 권을 훌쩍 넘겼다.

학교에 도서실이 있었지만, 책은 빈약했고 그것도 그곳에서만 읽을 수 있어서 독서에 도움이 되지는 못했다. 내가 언제든 이용할 수 있는 공간은 미술실이었는데 그곳에서 그림을 그리거나 책을 읽었고, 수업 시간에도 몰래 읽었다.

그러다 보니 학교에서는 수업을 등한히 하게 되었고, 학교를 졸업한 뒤에는 직장에서 직업을 등한히 하는 인생을 살게 되었다. 직장을 그만둔 지 6년이 지난 지금 지난 세월을 이따금 후회하기도 하지만, 그동안 책을 읽어 행복했고 아직도 책을 읽을 수 있다는 점이 다행스럽기만 하다. 그러면서도 마음 한구석에서는 저 많은 책을 어떻게 할까 고민도 생긴다.

요즘에는 과거의 나처럼 책을 갈구하는 사람이 없는 모양이다. 책을 대신하여 지식이나 정보를 제공하는 매체가 흘러넘치기 때문이다. 나 이전에도 나와 같이 책을 갈구한 세대가 있었는지는 잘 모르겠다. 내 주변에 나 같은 사람이 별로 없었기 때문이다. 물론 내가 모르는 사람 중에는 분명히 있을 것이다.

이 책 『독서는 해방이다』에서는 그런 사람들의 독서를 보여준다. 소위 인터넷과 스마트폰 시대에 독서가 어떻게 될지 나는 잘 모르겠다. 적어도 내 주변에서는 독서하는 사람을 보기 어렵다. 하기야 내가 살아온 동안에도 내 주변에는 독서하는 사람이 거의 없었다. 그래서 나의 독서 경험은 특별한 것인지도 모른다.

언젠가 독서에 관해 이야기할 기회가 와서 우리 역사의 가장 큰 문제는 도서관과 서점이 최근까지 없어서 독서문화가 빈약한 것이라고 말했더니, 청중 중 한 분이 "구한말에 강화도에 온 프랑스 군인들이 조선인 집에는 책이 가득했다."고 했는데 무슨 개소리냐며 반발했다. 나는 조선시대에 책이 없었다고 한 것이 아니라, 정부가 책의 출판이나 보급을 담당하고 왕궁에 도서관도 있었지만, 일반인이 자유롭게 이용할 수 있는 도서관이나 서점이 없어서 독서문화가 진작되지 못한 것이라고 한 강연 내용을 다시 설명했다. 그분은 납득을 한 것 같지 않았다. 여하튼 이제는 도서관도 서점도 사라지고 있다.

최초의 독서와 도서관 및 서점

우리가 역사에서 확인할 수 있는 최초의 독서는 고대 메소포타미아에서 시작되었다. '읽다'를 뜻하는 수메르어 šita(šit, šid, šed)에는 '세다, 계산하다, 고려하다, 암기하다, 암송하다, 큰 소리로 읽다'와 같은 뜻도 포함되었다. 기원전 4천 년경에 점토판에 염소와 소를 표현하기 위해 물결선을 그리는 것을 시작으로 시각적 기호를 사용하여 말소리를 표현하는 글쓰기 개념이 탄생하면서, 그것과 분리할 수 없는 쌍둥이인 독서 기술도 탄생했다.

글쓰기는 처음에 여러 주체가 관련되어 먼 거리에 걸쳐 수행되는 거래의 기록을 유지하기 위해 사용되었다. 가장 초기에 알려진 점토판은 상품 목록을 묘사하기 위해 그림과 같은 표시를 사용했다.

이어 기원전 2600년경에 설형문자가 개발되면서 글쓰기가 더욱 다양해졌다. 거래 기록을 보관하는 것 외에도 법률을 문서화하고 왕의 행위를 설명하는 데 사용되었다. 설형 문자에서는 각 음절이 서로 다른 기호로 표시되어서 그것을 읽으려면 수백 개의 문자를 익혀야 했다. 그래서 고대 메소포타미아에서 글을 쓰는 직업인 '서기관'(공식 서판 작성자)이 된다는 것은 엄청난 출세였다. 왕이나 귀족이 글을 읽을 수 있으면 비문에 이를 자랑했다.

고대 작가들이 신화와 역사를 만들고 바꾸는 자신의 힘을 발견하면서 최초의 문학작품이 기록되었다. 역사상 가장 먼저 알려진 작가는 수메르 도시국가 우르의 공주이자 여사제인 엔헤두안나(Enheduanna)로, 기원전 2300년경에 찬송가를 작곡하고 그녀의 작품을 기록한 점토판에 자신의 이름을 서명했다. 그래서 최근에는 페미니즘 쪽에서 상당한 관심을 받고 있다.

그러나 모든 사람이 읽을 수 있었던 것은 아니었다. 지금으로부터 약 4천 년 전인 기원전 2000년경, 인구가 약 12,000명에 달하는 이 지역의 가장 큰 대도시인 우르에서는 소수(아마도 100명 중 1명, 최대 120명 정도)만이 읽고 쓸 수 있었다. 기원전 1850년부터 1550년까지 인구가 약 10,000명에 달하는 바빌로니아의 도시국가 시파르에는 '서기관'이라는 직업을 가진 사람이 185명뿐이었는데, 그중 열 명은 여성이었다. 다른 곳의 유사한 통계에 따르면 메소포타미아의 도시국가에는 기껏해야 몇십 명 이하의 식자층이 살고 있었다.

독서의 역사에서 중요한 의의가 있는 도서관은 아시리아의 왕 아슈르바니팔(Ashurbanipal)이 기원전 7세기에 니네베(현대의 이라크)에 점토판 도서관을 만든 것이 역사상 최초다. 도서관에는 기원전 2천 년까지 거슬러 올라가는 원본 명판이 보관되었으며, 수메르어와 아카드어로 쓰인 작품들이 포함되었다. 중요한 작품의 사본을 제작하기 위해 전문 서기관이 고용되었다.

몇 세기 후인 기원전 331년에 알렉산드르 대왕은 이집트에 알렉산드리아라는 도시를 세웠다. 알렉산드르의 후계자인 프톨레마이오스 1세는 알렉산드리아에 쌓인 방대한 양의 문서를 정리하려는 단기적인 목적과 세상의 모든 지식을 보관하려는 장기적 목적으로 알렉산드리아 도서관을 설립했다. 이 목표를 달성하기 위해 알렉산드리아에 오가는 모든 선박은 도서관에 복사(또는 보관)하기 위해 선내의 모든 책을 헌납해야 했다. 그리고 도서관 밖에는 수많은 서적 판매업자가 들끓었는데, 그들이 시작한 서점의 역사는 기원전 5세기의 고대 그리스에까지 거슬러 간다. 우리 역사에서는 1세기 정도 전부터 시작되었다. 조선시대에 서점을 허용하자는 주장이 있었지만, 지식과 문자에 대한 독점권의 상실을 우려한 사대부들의 반대로 좌절했다. 알렉산드리아 도서관은 약 900년 뒤인 서기 642년에 문을 닫고, 수많은 책이 불태워졌다.

독서법과 인쇄술의 역사

최초의 독서법은 큰 소리로 읽는 것이었다. 문자는 숙련된 독자가 큰 소리로 읽을 때 이해하기 쉽도록 연속적인 흐름으로 작성되었다. 구두점은 기원전 200년경에 처음으로 사용되었으나 중세까지도 불규칙했다. 대중은 여전히 문맹이었고, 서면 자료는 공개 낭독을 통해서만 그들에게 전달되었다. 공개 낭독은 주로 왕실과 수도원에서 열렸다. 마술사와 이야기꾼의 공연은 11세기와 12세기에 유행했다. 책을 읽는 것은 로마 시대부터 19세기까지 소박한 집에서도 즐거운 저녁 시간 오락으로 여겨졌다.

기원전 5세기에 그리스 역사가 헤로도토스는 올림픽을 계기로 자신의 최신 작품을 읽었다. 저자들의 낭독은 이미 1세기에 로마에서 사회적 관습이었다. 이러한 독서에 대한 대중의 열정은 수 세기에 걸쳐 점점 줄어들었지만 전통은 지속되었다. 프랑스대혁명 이전 당국에 의해 작품이 금지된 장 자크 루소(Jean Jacques Rousseau)와 같은 일부 작가들에게는 친구 집에서 책을 읽는 것이 청중을 찾는 유일한 방법이었다. 대혁명 후 영국에서는 찰스 디킨스를 비롯하여 많은 작가가 낭독회를 통해 독자들을 만났다.

그러다가 읽고 쓰는 능력이 향상되고, 구두점이 발전되고, 그림을 포함하거나 언어가 단순화되어 일반 대중이 접근할 수 있는 책이 제공되면서 조용히 읽는 것이 독서의 표준이 되었다. 점점 더 많은 독자가 중개자 역할을 하는 다른 사람의 목소리와 해석 없이 텍스트와 개인적인 관계를 형성할 수 있게 되었다. 조용히 독서하면 독서가 개인적인 활동이 되어 독서 공간을 자유롭게 선택할 수 있는 여지가 생긴다.

독서를 향상시키는 책의 인쇄 기술은 중국, 일본, 한국에서 시작되었다. 중국은 광범위한 관료 체제를 유지하기 위해 종이를 먹목판에 문질러 인쇄하는 인쇄물을 대량으로 생산했다. 인쇄 기술에 대한 지식은 13세기경 서양 세계에 전해졌고, 목판 인쇄는 15세기에 널리 인기를 얻었다. 인쇄를 통해 책을 제작할 수 있는 용이성, 손으로 쓴 원고에 비해 뛰어난 내구성으로 인해 책에 대한 수요가 계속 증가함에 따라 새로운 인쇄 기술 개발에 관한 관심이 더욱 높아졌다. 1430년대 요하네스 구텐베르크는 독일 슈트라스부르크에서 최초의 기계식 인쇄기를 개발했다. 이 인쇄기는 1450년대까지 마인츠에서 운영되었으며 나중에 구텐베르크 성경으로 알려지게 되는 사본을 인쇄하고 있었다.

인쇄와 독서의 궁극적인 보편화가 불가피하다는 사실이 명백해지자 유럽 전역의 교회는 대중 교육에 나섰고 마을 학교 설립을 통해 읽고 쓰는 능력이 향상되었다. 서점에서는 자신의 상품에 대한 대중의 욕구를 높이기 위해 인기 있는 발라드와 민간 전승의 사본을 인쇄했다. 영국의 '챕북'(chapbooks)이나 프랑스의 '청색 문고'(Biliotheque Bleue)와 같은 작고 값싼 판은 여행하는 서적 판매 행상인에 의해 판매되었다. 18세기 초에 정기 간행물이 출판되기 시작하면서 열성 독자층이 더욱 늘어났다. 문학 형식으로서의 소설이 프랑스와 영국에 확고히 뿌리를 내린 것은 이 무렵이었다. 1849년 찰스 디킨스의 「픽윅 보고서Pickwick Papers」가 잡지에 연재되었을 때 소설의 매력과 잡지의 경제성이 결합되어 독자들은 몇 달 동안 이야기 속에 살 수 있었다. 신문과 잡지의 연재 소설은 문학의 발전에 크게 기여했다.

금서와 분서의 역사

독자에게 전달되는 문자의 힘은 고대부터 인식되었다. 그러므로 역사 전반에 걸쳐 권위 있는 인물들이 자신들이 억압하는 사람들이 독서 자료와 심지어 읽고 쓰는 능력에 접근하는 것을 막으려고 노력했다는 것은 놀라운 일이 아니다. 전체주의 통치자들은 사람들을 착취 정권에 종속시키는 데에 무지의 중요성을 항상 인식해 왔으며, 그들이 조작하고자 하는 이념에 반하는 책을 전면적으로 금지해 왔다.

프로타고라스의 작품은 고대 아테네에서 불태워졌다. 철학자 플라톤은 동료 철학자 데모크리토스를 매우 싫어했으며 데모크리토스의 책을 모두 불태워버리고 싶어 했다. 플라톤은 자신의 생애 동안 남의 책을 파괴할 수 없었지만, 후기 고전 시대의 관료들이 그의 소원을 이루어주어 데모크리토스의 저작물은 거의 남아 있지 않다. 반면 플라톤 자신의 저작물은 꾸준히 복사되어 2,400년 이상 온전하게 보존되었고 기어이 철학의 아버지라는 칭송을 선취했다. 그럼에도 데모크리토스는 몇 개의 단편만으로 '현대 과학의 아버지'로 여겨진다.

서양만이 아니다. 동양에도 분서는 있었다. 진시황제는 그의 장관 리시(李斯)의 조언에 따라 기원전 213년부터 진 이외의 국가에서 나온 모든 철학 서적과 역사 서적을 불태우라고 명령했다. 리시는 다음과 같이 말했다. "당신의 종인 저는 진(秦)나라의 기록을 제외한 모든 역사가의 기록을 불태울 것을 제안합니다. 책을 소유하는 의무를 가진 학자를 제외하고 천하의 누군가가 『시경』, 『서경』, 제자백가의 책들을 가지고 있다가 발각되면 태수나 사령관에게 넘겨 불태워버릴 것이며, 감히 『시경』이나 『서경』을 논하는 자는 공개 처형해야 합니다. 역사를 이용하여 현재를 비판하는 자는 그 가족을 처형하며, 관원이 위반한 사실을 보고도 보고하지 아니하는 자도 동일하게 유죄이며, 이 공고일로부터 30일이 지난 후에도 장부를 불태우지 아니한 자는 문신을 하여 형벌을 받게 할 것입니다. 면제되는 서적은 의학, 점술, 농업 및 임업에 관한 서적뿐이고 법률에 관심이 있는 사람은 대신 관료에게서 공부하게 하십시오." 그 후 국가 교리를 따르지 않은 수많은 지식인이 생매장되었다. 중국 역사상 여러 차례 다른 대형 서적 소각도 발생했다.

1559년에 로마 가톨릭교회는 금서 목록을 관리하기 시작했다. 나치 독일에서도 책을 불태웠다. 식민지 통치자들은 전 세계 식민지에서 통치의 정당성에 의문을 제기하는 인쇄물의 유통을 금지하고 방지하려고 노력했다. 글의 힘 역시 잘못된 정보와 증오를 퍼뜨리기 위해 오용되었으며, 지금도 오용되고 있다.

해방과 자유의 독서

독서는 온갖 역경과 극심한 불리한 상황 속에서도 용감한 반항과 저항의 행위였다. 대영제국과 아메리카 대륙의 노예들에겐 수 세기 동안 독서에 대한 접근이 거부되었다. 그들은 읽는 법을 배우는 과정에서 목숨을 걸기도 했다. 따라서 눈에 띄지 않는 독창적인 학습 방법을 개발하여 사용하기도 했다. 이들 중 다수는 스스로 읽고 쓰는 법을 터득하였고, 그 힘은 노예 제도와 억압에 맞서 싸우는 전쟁에서 강력한 무기가 되었다.

여성의 독서와 지적 야망은 초기 시인과 작가 중 일부가 여성이었음에도 전 세계 사회에서 종종 폭력적으로 좌절되었다. 그러나 대부분 외부 세계와 단절되고 일상적인 가정생활에 강요된 여러 세대의 여성들은 읽고 쓰는 법을 스스로 배웠다. 그들은 자신의 경험에 대해 많은 책을 썼는데, 그중 다수는 시간의 시험을 견뎌냈고 이제는 고전으로 인정받고 있다. 중국과 일본의 여성들은 여성 간의 의사소통을 위해 특별히 사용되는 자신들만의 방언을 발명했다. 인도에서는 벵골어 최초의 자서전 저자인 라쉬순다리 데비가 하루 종일 힘든 요리를 마친 후 전통적인 장작 오븐에 남은 그을음에 글자를 휘갈겨 쓰면서 독학으로 글쓰기를 배웠다. 여성의 관점에서 문학을 논의한 여성

북클럽은 15세기 초 중세 여성의 신앙에 관한 프랑스 책인 『여성 찬송Les Évangiles des quenouilles』에서 언급되었다.

교육이 더욱 널리 보급됨에도 불구하고 책을 읽는 것은 특히 여성에게 오락과 지식 습득의 주요 수단이었다. 19세기에 접어들면서 여성들은 아주 최소한의 교육만 받도록 장려되었고 그들의 학문적 야망은 눈살을 찌푸리게 했다. 가족과 친구들이 책을 읽어주는 것은 용인되었는데, 이는 여성들에게 이야기에 대한 호기심과 갈증을 해소할 수 있는 일종의 출구가 되어주었다. 초등 교육이 더 쉽게 접근 가능해지고 수용 가능해지면서, 가족의 젊은 구성원들은 할머니의 이야기를 감미롭게 반전시켜 노인들에게 책을 읽어주었다.

이처럼 책은 자유이자 금지였다. 책은 축복이자 저주였다. 민중에게는 축복이고 권력에는 저주였다. 이제는 권력의 억압에서 해방된 자유의 독서 시대가 와야 한다.

도판 목록

제1장 중세

제2장 르네상스

제3장 바로크

제4장 19세기

제5장 인상파

제6장 20세기

독서는 해방이다

자유이자 금지였고 축복이자 저주였던 책 읽기의 역사

ⓒ 박홍규

초판 1쇄 2024년 10월 18일

지은이 | 박홍규
펴낸이 | 이채진
디자인 | 유랙어
펴낸곳 | 틈새의시간
출판등록 | 2020년 4월 9일 제406-2020-000037호
주소 | 경기도 파주시 하늘소로16, 105-204
전화 | 031-939-8552
이메일 | gaptimebooks@gmail.com
페이스북 | @gaptimebooks
인스타그램 | @time_of_gap

ISBN 979-11-93933-02-2 (03300)